글 김경미 | 그림 센개
펴낸날 2024년 2월 6일 초판 1쇄, 2024년 9월 25일 3쇄
펴낸이 위혜정 | 기획·편집 스토리콘 | 디자인 포도
펴낸곳 따끈따끈책방(주) | 주소 서울특별시 마포구 양화로186 LC타워 604호
전화 070-8210-0523 | 팩스 02-6455-8386 | 메일 chucreambook@naver.com
출판등록 제2023-000176호

© 김경미, 센개 2024
저작권자의 동의 없이 무단 복제 및 전재를 금합니다.

ISBN 979-11-985115-2-2 73190

※ 잘못된 책은 구입처에서 바꾸어 드립니다. ※ 값은 뒤표지에 있습니다.
※ KC마크는 이 제품이 공통안전기준에 적합하였음을 의미합니다.

| 어린이제품 안전특별법에 의한 표시사항 | 제품명 도서 제조년월일 2024년 9월 25일
제조사명 따끈따끈책방(주) 주소 서울특별시 마포구 양화로186 LC타워 604호 전화번호 070-8210-0523
제조국명 대한민국 사용 연령 8세 이상 ▲주의 책 모서리에 찍히거나 책장에 베이지 않게 조심하세요.

instagram.com/chucreambook
슈크림북은 따끈따끈책방(주)의 아동 출판 브랜드입니다.

마음을 다해
똑똑하게 다정하게
말하고 싶어

글 김경미
그림 센개

(작가의 말)

　우리는 매일같이 다른 사람들과 소통을 하며 살아갑니다. 생각이나 감정을 가족 혹은 친구들과 끊임없이 말과 행동으로 주고받지요.
　그만큼 소통 때문에 겪는 문제도 다양합니다. 어린이 친구들을 만나 고민이 뭔지를 물으면 가장 많이 나오는 말이 바로 이 소통 문제더라고요. 가족에게 하고 싶은 말을 하지 못해서, 내 말을 오해한 친구와 갈등이 생겨서 등등 말이지요.
　더군다나 지금은 소통 방법이 너무도 다양해졌습니다. 그중에서도 직접 보지 않고 소통하는 SNS는 자칫 문제를 일으키기 쉽습니다. 표정을 볼 수도, 목소리를 들을 수도 없고 단지 문자로만 소통하니 그 뜻을 잘못 이해할 수 있는 것이지요.
　동화 〈설전도 수련관〉 시리즈를 처음 쓰게 된 건 이런 문제 때문에 힘들어하고 있을 친구들을 위해서였습니다. 소통 방법을 잘 모르는 친구들에게 슬기롭게 말하고 행동하는 방법을 알려 주고 싶었지요.
　그런데 〈설전도 수련관〉 시리즈를 쓰면서 순간순간 안타까울 때가 있었습니다. 이야기에 등장하는 캐릭터 아이들이 곳곳에서 힘들어하는 게 마음 쓰였지요. 각자 맞닥뜨린 상황에서 알려 주고 싶은 것들이 생겼습니다. 아, 저럴 때는 이렇게 말하면 좋았을걸, 혹은 저런 친구에게는 말하는 방법을 알려 주는 것보다 따뜻한 공감의 말로 위로와 용기를 전하는 것이 먼저겠다, 저런 순간에는 잠시 서로의 마음을 들여다보는 시간을 가지면 좋을 텐데, 하고 말이지요. 그래서 10대 친구들이 공감할 수 있는 갈등 상황들을 모았고, 그 안에 마음 근육을 단단하게 하고 똑똑하게, 다정하게 말하는 방법을 담아 보았습니다.

사실 SNS는 일상 속에 자리를 잡게 된 지 얼마 되지 않았을뿐더러 그 범위가 너무 크기 때문에 지켜야 할 예절이나 매너를 확실히 정하기는 어려울 것 같습니다. 서비스마다 독특한 기능과 특징을 가지고 있어 문화나 집단에 따라서도 다를 거고요. 어쩌면 다른 세대인 저와 여러분의 생각이 또 다를지도 모르겠습니다.

그러므로 이 책이 소통의 정답을 말해 주는 건 아닐 겁니다. 소통에 정답이 있을 수도 없고요. 그저 저는 이 책을 통해 여러분이 슬기롭게 잘 소통하는 방법에 대해 생각해 보는 기회를 가질 수 있으면 좋겠습니다.

마지막으로 다른 누군가와 소통할 때 이것 하나만은 잊지 않았으면 좋겠습니다. 무엇보다 가장 중요한 건 상대를 존중하고 배려하는 마음이라는 걸 말이에요.

여러분과의 소통이 늘 행복한 김경미

차례

작가의 말 • 4
설전도 수련관을 소개합니다! • 12

Chapter 1.
나윤, 세아, 희수의 이야기

고민 1
친구가 내 겉모습을 평가해요. • 16

고민 2
친구가 일방적으로 약속을 어겼어요. • 18

고민 3
친구가 나만 빼고 다른 친구들만 자기 집에 초대했어요. • 20

> **고민 3-1**
> 친구가 맨날 우리 집에서만 놀려고 해요. • 22
>
> **고민 3-2**
> 집에 친구를 초대하고 싶은데 부모님이 반대해요. • 24

고민 4
친구가 나에게 다른 친구랑 놀지 말라고 강요해요. • 26

고민 5
내가 없는 자리에서 친구가 다른 아이한테 내 험담을 했다는 사실을 알게 되었어요. • 30

고민 6
내 마음과는 달리 친구에게 짜증을 냈어요. • 34

고민 7
친구가 사과했는데 기분이 나아지지 않아요. • 36

고민 8
친구들이 나를 따돌려요. • 38

고민 9
친구가 갑자기 말도 안 하고 표정도 좋지 않아요. • 40

고민 10
사이가 불편한 친구와 같은 모둠이 되었어요. • 42

고민 11
단짝 친구가 멀어지는 것 같아서 불안해요. • 44

📩 **번외**
늘 자기 맘대로인 친구가 있어요. 자기 기분이 좋을 땐 잘해 주다가, 기분이 나쁘면 갑자기 저에게 함부로 대해요. 그랬다가 울면서 사과하고, 제가 사과를 받아 주면 다시 똑같은 상황이 반복돼요. 저는 어떻게 해야 할까요? • 46

Chapter 2.
해별, 세린, 이나, 다정의 이야기

고민 1
친구 SNS가 내 SNS보다 조회 수가 더 높아서 속상해요. • 50

고민 2
친구가 내 메시지를 읽고도 답장을 보내지 않아요. • 52

고민 3
친구들이 나만 빼고 따로 단체 채팅방을 만들었어요. • 54

고민 4
친구를 믿고 비밀을 이야기했는데 다른 친구가 그 비밀을 알고 있다는 사실을 알게 되었어요. • 56

고민 5
친구가 내 물건을 빌려 가서 망가뜨렸어요. • 58

고민 6
친구의 SNS에 악플이 달렸는데 친구가 나를 의심해요. • 60

고민 7
친구가 내 사진을 허락도 없이 SNS에 올렸어요. • 62

고민 8
친구의 부탁을 거절하지 못하겠어요. • 64

고민 9
내가 말할 때 친구가 자꾸 끼어들어요. • 66

고민 10
친구들이 내가 잘 모르는 대화만 해요. • 68

📩 **번외**
친구가 부러워서 저도 SNS를 시작했어요. 엄마를 졸라 새 스마트폰도 사고요. 그런데 생각보다 힘들어서 그만두고 싶어졌어요. 유행은 따라가고 싶은데 SNS를 할 때마다 스트레스 받으니, 어떡하죠? • 70

Chapter 3.
진우, 민재, 지훈, 우찬의 이야기

고민 1
모둠 숙제를 하는데 아무도 의견을 말하지 않아서 혼자 준비해요.
• 74

> **고민 1-1**
> 친구가 다른 모둠원의 의견은 물어보지 않고 일방적으로 결정해요. • 76

고민 2
게임 할 때 친구가 자꾸 자기에게만 유리한 규칙을 정해요. • 78

고민 3
친구가 주변을 살피지 않고 갑자기 튀어나오는 바람에 부딪혀서 화가 나요. • 80

고민 4
우리는 삼총사. 그런데 다른 두 친구가 싸워서 말도 안 해요. • 82

고민 5
학교에서 같이 놀 친구가 없어요. • 86

고민 6
함께 청소하는 청소 당번 친구가 청소도 안 하고 도망갔어요. • 88

고민 7
친구랑 대회에 참여했는데 친구만 상을 받고 나는 받지 못했어요.
• 90

고민 8
발표하면서 실수를 했는데 친구가 자꾸 놀려요. • 92

고민 9
반 대항 대결에서 진 것을 두고 친구가 너 때문이라며 자꾸만 절 탓해요. • 94

고민 10
저는 잘하는 게 아무것도 없어요. • 96

✉ 번외 1
삼총사로 지내는 친한 친구들이 있어요. 그런데 종종 저만 소외되는 것 같다는 느낌이 들어요. 오늘도 등굣길에 두 친구가 함께 가는 걸 봤어요. 저에게는 같이 학교 가자는 말을 하지 않았거든요. • 98

✉ 번외 2
대회에 참가하고 싶은데 혹시라도 상을 못 받을까 봐 신청을 못 하겠어요. • 100

Chapter 4.
우리들의 슬기로운 SNS 언어 생활

○○ 초등학교 4학년 단체 토론방
SNS에 대해 자유로운 대화를 나누어 보세요. • 103
슬기로운 SNS 말하기 10계명. • 107

하나.
내 생각을 강요하지 말자. • 108

둘.
섣불리 추측하거나 말꼬리를 잡지 말자. • 110

셋.
내 생각과 감정을 정확히 알자. • 112

넷.
어휘력을 기르자. • 114

다섯.
피하지 말고 솔직하게 말하자. • 116

여섯.
결정을 남에게 미루지 말자. • 118

일곱.
사과해야 할 때는 사과하자. • 120

여덟.
글자 뒤에 사람이 있다는 걸 명심하자. • 122

아홉.
나 자신을 비하하거나 과장하지 말자. • 124

열.
SNS의 장점을 긍정적으로 활용하자. • 126

Chapter 5.
나도 고민 있어요!

설전도 수련관 고민 대나무숲 1
#외모_고민_있어요! • 130

설전도 수련관 고민 대나무숲 2
#공부_고민_있어요! • 133

설전도 수련관 고민 대나무숲 3
#가족_고민_있어요! • 136

설전도 수련관 고민 대나무숲 4
#성격_고민_있어요! • 139

내 성격을 알아보자!
MBTI • 141

설전도 수련관을 소개합니다!

설전도 수련관은 감정 표현이 서툰 어린이들에게만 나타나
슬기롭게 진심을 전하는 법을 알려 주는 환상 공간입니다.
말에 상처받지 않고 내 마음을 지키는 관계와 말하기 수련법을 통해
어린이들이 다른 사람의 말에 휘둘리지 않고 건강한 마음을 갖도록 이끌어 줍니다.
요즘 아이들을 꼭 닮은 입체적인 캐릭터와 생생한 상황들로
'어쩜 나랑 이렇게 똑같지?', '나라면 어떻게 했을까?' 하고 스스로 생각하게 해
문제를 해결해 나가는 힘을 길러 주는 곳입니다.

설전도 수련관 식구들

말의 힘을 알고 싶다면, 언제든 설전도 수련관으로 와!

설전도 수련관 관장.
바람 마녀의 후예로,
세상에서 가장 힘센 마녀가 되기 위해
설전도 수련관에서 다정한 말을 수련하는 중이다.

보라

난 설전도 수련관에서 행동 권법 수련을 맡고 있는 '훅'이라네. 날카롭고 거친 말들 속에서 자네들이 마음을 지킬 수 있도록 도와주지.

부엉이 사부.
보라가 최고의 마녀가 될 수 있게 도와주는 파트너.
독특한 말투가 특징이다.

훅

난 설전도 수련관에서 말 수련을 맡고 있는 '야미'라고 해. 상황에 따라 어떤 말을 하면 좋을지 알려 줄 테니 잘 따라와야 해!

고양이 사범.
날렵한 몸과 날쌘 동작이 특기다.

야미

Chapter 1.
나윤, 세아, 희수의 이야기

고민 1

친구가 내 겉모습을 평가해요.

고민 상담방

훅

친구는 왜 그렇게 말했을까?

옷차림이나 겉모습은 개인적인 문제고 취향이니 함부로 지적해서는 안 된다네. 그럼에도 친구의 옷차림을 지적하는 건 세 가지 이유일 수 있지. 첫째, 그렇게 지적을 해서라도 자신의 존재감을 드러내고 싶은 경우. 둘째, 자기 안에 있는 화를 남에게 상처를 주는 방식으로 표현해서 풀어 버리고 싶은 경우라네. 그리고 마지막 셋째, 자기가 원하는 모습으로 다른 사람을 움직이려는 마음이라네. 중요한 건 어떤 이유이든 간에 자네가 친구의 평가에 마음을 쏟을 필요는 없다는 것이라네. 친구가 맞고 자네가 틀린 게 아니야. 그저 다를 뿐이지. 친구의 의견에 억지로 나를 맞추려 하지 마시게나.

야미

그럴 땐 이렇게 말해 봐!

"세아야, 네가 내 옷차림에 대해 좋지 않은 말을 해서 민망하고 상처받았어. 다음엔 내가 물어볼 때 얘기해 주면 좋겠어."

보라

'나답게' 생각해 볼까?

사람마다 옷에 대한 생각이 다를 수 있어. 누군가에겐 단순히 몸을 보호해 주는 기능일 뿐이겠지만 누군가에겐 자신을 표현하는 수단이기도 하지. 이때 옷으로 나를 표현하기 위해서는 먼저 옷에 대한 나의 생각을 정리해 보는 게 좋아. 무작정 유행하는 옷을 입는 것보다 나답게, 나에게 어울리게 입는 것이 훨씬 더 멋질 테니까.

고민 2

 **친구가 일방적으로 약속을 어겼어요.**

나윤아, 어떡하지?
나 오늘 놀이공원 못 갈 것 같아.
미안.

뭐? 나 벌써 약속 장소에 와서 너 나오기를 기다리고 있었는데……?

아니, 그게 아니라…….

갑자기 네 마음대로 약속을 취소하면…….

그럼 엄마가 갑자기 안 된다고 하는데 나보고 어떡하라는 건데? 너 설마 이깟 일로 삐진 건 아니지?

고민 상담방

훅
친구는 왜 그렇게 말했을까?
저런, 친구와의 관계에서 가장 중요한 건 신뢰라네. 그런데 친구가 약속을 일방적으로 깬다면 어떻게 신뢰가 쌓일 수 있겠는가? 친하니까 자네와의 약속은 깨도 되는 것쯤으로 대수롭지 않게 생각한다면, 그건 그 친구가 어쩌면 자네와의 관계도 대수롭지 않게 여기는 걸지도 모른다네. 그러니 친구에게 화가 나는 마음은 당연해. 자네의 마음을 친구에게 이야기해 보시고, 그래도 또다시 약속을 깨는 일이 반복된다면 친구와의 관계를 다시 한번 생각해 보시게나. 신뢰가 없는 관계는 쉽게 깨지기 마련이니 말일세.

야미
그럴 땐 이렇게 말해 봐!
"네가 나와의 약속을 어겨서 화가 나. 네가 계속 약속을 어긴다면 너무 실망스러울 것 같아. 앞으로 나와의 약속을 소중하게 생각해 줬으면 좋겠어."

보라
한 가지 더!
친구와의 약속이 중요한 약속이라면 서로의 부모님께 허락을 받았는지 미리 확인하는 게 좋아. 그렇지 않으면 뒤늦게 가족 행사 등으로 어쩔 수 없이 약속을 지킬 수 없다는 말을 들을 수 있거든. 또 어디로 놀러 가는지가 불분명한 경우, 부모님이 허락해 주지 않는 일도 있으니까 먼저 꼭 확인하면 좋겠지?

고민 3

친구가 나만 빼고 다른 친구들만 자기 집에 초대했어요.

고민 상담방

욱

`친구는 왜 그랬을까?`

사람마다 몸의 반응 속도가 다른 것처럼, 사람들은 상대방의 마음을 받아들이는 속도도 각기 다르다네. 자네가 친구를 생각하는 마음과, 친구가 자네를 생각하는 마음이나 친밀함의 정도가 다를 수 있는 게지. 아니면 상황이나 조건이 맞지 않아서 어쩔 수 없었을지도 모른다네. 만일 자네를 따돌리려고 일부러 자넬 초대하지 않은 거라 해도 괴로워할 필요 없네. 자네를 잘 이해해 주고 마음이 맞는 친구는 따로 있을 테니까.

야미

`그럴 땐 이렇게 생각해 봐!`

'나를 초대할 상황이 아니었나 보다. 난 더 재미있는 시간 보내야지. 아, 뭐 하고 놀까?'

보라

`마음을 다해 똑똑하게, 다정하게 말해 봐!`

더 나아가 친구들을 믿는다면, "얘들아, 너희들이 지난번에 파자마 파티 하면서 재미있게 놀았다고 들었어. 다음에는 나도 불러 줘. 나만 빠진 것 같아 속상했거든." 하고 용기 내어 말해 볼 수도 있을 거야. 그러면 친구들은 "네가 학원 수업 때문에 안 되는 줄 알았어. 미안! 다음엔 꼭 먼저 물어볼게." 하고 말할지도 몰라. 오히려 너를 배려해서 먼저 말을 못 꺼낸 것일 수도 있으니까.

고민 상담방

훅

친구는 왜 그렇게 말했을까?

허허, 이유가 무척이나 궁금했겠군. 하지만 섣불리 오해하진 말게나. 친구가 자기 집에 못 오게 한다고 해서, 그것이 자네를 초대하기 싫어서 그런 건 아닐 수 있으니. 자네를 집에 초대하지 못하는 어떤 사정이 있을 수도 있어. 예를 들어, 같이 사는 형제자매가 불편해한다거나, 어린 동생이 있다거나, 혹은 부모님이 반대를 하는 것일 수도 있지. 아니면 누군가를 초대하기 어려운 환경일 수도 있고. 그러니 구체적인 사정에 대해 그 친구와 대화를 나눠 보거나, 혹 말하기 곤란해한다면 이해해 주는 게 어떠신가?

야미

그럴 땐 이렇게 말해 봐!

"나도 너희 집에 초대해 줄래? 나도 한번 가 보고 싶거든. 만약 초대하지 못하는 특별한 사정이 있다면 나한테도 알려 줘!"

보라

한 가지 더!

친구네 집에 갈 때는 반드시 미리 친구에게 말하고, 친구 부모님에게도 이해를 구해야 해. 집은 친구 혼자 사는 곳이 아니라 온 가족이 함께 생활하는 공간이니까 말이야. 또 각 가정마다 생활 방식이나 가치관 등이 다르기 때문에 항상 예의를 갖추고 행동하는 것을 잊지 말자! 알았지?

고민 3-2

집에 친구를 초대하고 싶은데 부모님이 반대해요.

엄마, 내 친구 나윤이 알지?

지난번에는 나윤이가 집에 초대해 줬거든. 담엔 우리 집에 나윤이 놀러 오라고 해도 돼?

화색

설마, 또 안 되는 거야?

너도 알다시피, 엄마가 요즘 바쁜 일이 많잖니. 친구는 다음에 초대하자, 세아야.

엄마 맘 알지?

……

고민 상담방

훅

엄마는 왜 그렇게 말했을까?

친구를 집에 초대해서 재미있는 시간을 보내고 싶을 텐데 부모님이 반대해서 답답하시겠군. 하지만 어쩌면 엄마 아빠에게 어떤 사정이 있는 것일 수도 있다네. 다른 형제자매가 있어 신경이 쓰인다거나 아니면 엄마 아빠가 일이 바빠 마음에 여유가 없을 수도 있지. 빈집에 아이들끼리만 있는 게 걱정될 수도 있고 말일세. 그것도 아니라면, 집이 깨끗하지 않아 자네 친구에게 보이기 싫을 수도 있다네. 이처럼 엄마 아빠는 이것저것 신경 쓸 일이 많다는 걸 이해할 필요가 있다네.

야미

그럴 땐 이렇게 말해 봐!

친구를 초대하고 싶은 마음을 부모님께 이야기하고 초대하면 안 되는 이유를 물어봐. "엄마, 나에게 정말 특별한 친구예요. 난 그 친구 집에 자주 갔는데, 그 친구는 우리 집에 와 보지 못해서 친구가 섭섭해할 것 같아요. 초대하면 안 되는 이유를 알고 싶어요."
만약 정말로 집에 초대할 상황이 아니라면 친구에게 사정을 설명하고 아쉬운 마음을 이야기해 봐. "어른이 없는 빈집에 우리끼리만 있을 때 문제가 생길까 봐 걱정이 되신대. 우리 집에 초대 못 해서 미안. 다음에 엄마가 집에 계실 때 꼭 초대할게."

보라

한 가지 더!

친구가 널 집으로 초대하지 않는다고 해서 친구의 우정을 의심하지 마. 집집마다 사정이 다를 수 있으니까.

고민 4

 친구가 나에게 다른 친구랑 놀지 말라고 강요해요.

세아 너, 친구 취향 한번 독특하다. 왜 자꾸 나윤이 같은 애랑 놀아? 답답하지도 않니?

보는 내가 다 답답해 죽겠어. 이제 나윤이랑 안 놀면 안 돼?

너도 그렇게 생각하지? 넌 어때?

……뭐, 나윤이가 좀 답답하긴 하지.

고민 상담방

희수

다른 친구와 놀지 말라고 한 진짜 내 마음은……

나도 너희랑 함께하고 싶어. 친한 너희 둘이 부러워.

훅

친구는 왜 그렇게 말했을까?

다른 친구랑 놀지 말라고 말한 친구는 어쩌면, 자네와 더 친해져서 함께하고 싶어 그런 말을 했을 수도 있다네. 만약 그렇다면 원하는 걸 정확히 이야기해야지, 다른 친구의 험담을 하며 돌려 말하는 건 잘못한 거라네. 만약 자네가 그 친구의 말에 불편함을 느꼈다면, 그 불편한 감정을 확실히 이야기하게나.

야미

그럴 땐 이렇게 말해 봐!

"네가 나랑 친한 친구의 험담을 해서 당황스럽고 놀랐어. 네가 나랑 나윤이 입장에서 한번 생각해 봤으면 좋겠다. 나윤이랑 놀지 말지는 내가 결정할게."

보라

한 가지 더!

다른 친구들과 함께 어울려 놀고 싶을 땐 용기를 내서 말해 봐. 말을 하지 않으면 친구들은 네가 자기들과 함께하고 싶어 한다는 사실을 모를 수 있으니까. 하지만 혹시나 그 친구들이 거절한다면 억지로 널 바꾸려고 하거나 슬퍼하지 않아도 돼. 너와 즐겁게 어울려 줄 다른 친구가 얼마든지 있을 테니까.

비슷한 경험이 있다면 함께 이야기해 볼까?

세아

5학년이 되고부터 반 여자아이들 사이에 편이 나뉘었어.

그중에서도 '✭✭ 시스터즈'가 중심이 되고는 했지. 나는 가끔 똘똘 뭉쳐 다니는 ✭✭ 시스터즈가 부러웠어.

그런데 ✭✭ 시스터즈에서도 가장 주목받는 친구 A가 나와 같은 학원을 다니게 된 거야! 수업을 같이 듣는 여자 친구가 나와 A밖에 없어서 우리는 꽤 친해졌어. A는 나에게 ✭✭ 시스터즈에 들어오라고 했고, 나는 고민됐지. 왜냐하면 나는 반에 친한 친구 B가 있는데, 그 친구는 편을 갈라 어울려 다니는 것을 좋아하지 않았거든. ✭✭ 시스터즈가 되면, 자연스레 A와 친하다는 걸 과시할 수도 있고 반 친구들에게 영향력을 행사할 수도 있을 것 같았어. 하지만 아무리 생각해도 B와 멀어지면 마음이 너무 불편할 것 같더라고.

고민 끝에 '권해 줘서 고마워. 그런데 난 자연스럽게 여러 친구들과 어울리는 것이 좋아.'라고 용기 내어 A에게 말했어. 다행히 A는 내 마음을 이해해 줬고, 그 뒤로 나는 A, B를 비롯해 반 친구들 모두와 자연스럽게 어울리며 학교생활을 했어.

아래 상황을 잘 보고 '나라면' 어떻게 말할지 생각해 봐!

고민 5

내가 없는 자리에서 친구가 다른 아이한테 내 험담을 했다는 사실을 알게 되었어요.

나윤아! 있지, 세아가 너에 대해 뭐라고 한 줄 알아?

세아
내 말 좀 들어 봐.
응?
세아
나윤이 정말 답답해.
그리고 어린애 같아.
아직도 엄마 아빠한테

세아가 정말 이런 얘길 했다고?

고민 상담방

다른 친구에게 나윤이 험담을 한 내 진짜 마음은…….

세아

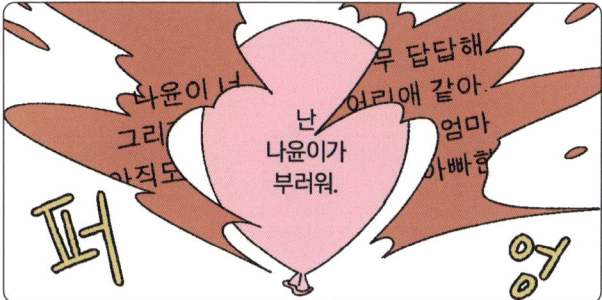

훅

친구는 왜 그랬을까?

남의 험담을 하는 사람들은 대부분 자기 자신에게 불만이 많은 이들이라네. 자신에 대한 불만을 다른 사람에게 돌려 표출하는 게지. 혹은 질투 나거나 부러운 마음을 험담으로 표현하는 경우도 있다네. 그러니 험담을 하는 사람을 보면 그저 '마음이 힘든 사람이군.' 하고 생각해 버리시게. '내가 뭘 잘못한 건 아닐까?' 하며 나를 괴롭히지 마시고.

야미

그리고 이럴 땐!

친구가 험담을 하는 건, 어쩌면 너에게 불만이 있는데 그걸 이야기하지 못해서일 수도 있어. 혹시 최근에 친구가 불만스러워 할 만한 일이나 사건이 있었니? 다른 친구에게 네 험담을 한 이유를 친구에게 직접 들어 보고 나서, 네가 이해해 줄 수 있는 문제라면 용서해 줘. 혹시 알아? 이번 일로 더 가까워질지. 그러니 어떤 문제인지 친구에게 한번 물어보면 어떨까? "혹시 너, 나한테 서운한 거 있어?" 하고 말이야.

보라   '나답게' 생각해 볼까?

친구가 진짜 네 험담을 했는지부터 확인하는 것이 좋아. 친구들 사이에 말이 오가면서 오해가 생겨난 것일 수도 있고, 둘 사이가 부러운 다른 친구가 경솔하게 말을 잘못 전한 것일 수도 있거든. 그러고 나서 친구가 네 험담을 한 게 사실로 확인되면 그 친구가 네게 어떤 존재인지를 먼저 떠올려야 해. 만약 관계를 이어 가고 싶지 않은 친구라면 과감하게 무시해 버려. 하지만 만약 그 친구와 관계를 계속 이어 가고 싶다면 네 감정을 솔직히 이야기해 보는 게 좋겠지.

아미   그럴 땐 이렇게 말해 봐!

"네가 나와의 우정을 저버린 것 같아서 너무 속상하고 슬퍼. 왜 내 험담을 했는지 이유를 알고 싶어."

비슷한 경험이 있다면 함께 이야기해 볼까?   **나윤**

같은 반에 좋아하는 남자애가 있었는데, 그 사실을 가장 친한 친구한테 말했어. 그런데 며칠 뒤, '○○이는 주제 파악도 못 하고 반에서 제일 인기 많은 애를 좋아한대.'라고 아이들이 수군대는 걸 우연히 들었지. 너무 화가 나서 친구랑 절교하겠다고 마음먹고는 말하기 전 대놓고 물어봤더니, 그건 친구가 한 말이 아니라 나랑 같은 남자애를 좋아했던 다른 여자애가 추측으로 퍼트린 말이더라고. 확인도 안 해 보고 절교부터 했다면 큰일 날 뻔했지 뭐야!

아래 상황을 잘 보고 '나라면' 어떻게 말할지 생각해 봐!

| 고민 상담방 | |

친구에게 짜증을 낸 내 진짜 마음은······.
세아

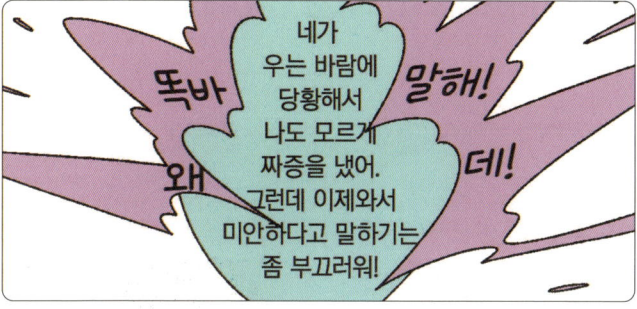

훅

나는 왜 그렇게 말했을까?

나도 모르게 친구에게 짜증을 냈다면 진심으로 사과를 하시게나. 진심으로 사과하는 것은 무척 용감한 일이라네.

야미

그럴 땐 이렇게 말해 봐!

"미안! 당황해서 나도 모르게 너한테 짜증을 냈어. 정말 미안해. 앞으로 절대 함부로 말하지 않을게."

보라

한 가지 더!

너의 부정적인 감정을 가깝고 편한 사람에게 일방적으로 쏟아내면, 상대는 큰 부담을 느끼게 돼. 감정을 표현할 때는 먼저 너의 그 감정이 어디서 비롯된 것인지를 파악하고, 상대의 감정을 존중하고 이해하려는 노력이 필요해. 상대가 너에게 소중한 사람이라면 더욱 그래야겠지?

고민 7

친구가 사과했는데 기분이 나아지지 않아요.

고민 상담방

친구에게 건성으로 사과한 내 진짜 마음은…….
세아

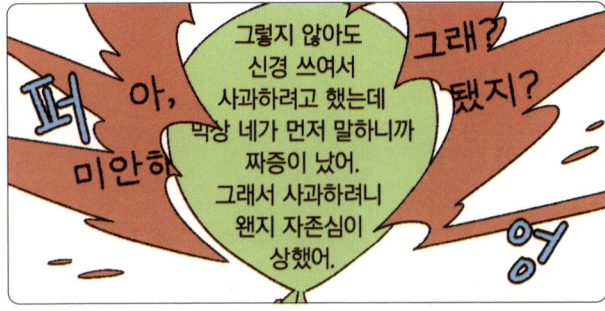

훅 | 나는 왜 그랬을까?

진심이 담긴 사과에는 다음 네 가지가 담겨 있어야 한다네. 첫째, 인정. 사과를 할 땐 먼저 잘못을 인정해야 하지. 둘째, 반성. 자신의 행동을 반성하는 태도를 보여야 해. 셋째, 해명. 왜 그런 행동을 했는지 이유를 설명해야 하고. 넷째, 변화 약속. 앞으로는 같은 일을 반복하지 않겠다는 모습을 보여 줘야 한다네. 친구가 이 네 가지가 없이 건성으로 사과하니 자네의 마음이 쉽게 풀리지 않은 게지.

야미 | 그럴 땐 이렇게 말해 봐!

"네 사과에 진심이 전해지지 않아서 아직 기분이 풀리지 않았어. 다시 진심으로 사과해 줄래?"

보라 | 한 가지 더!

잘못을 인정하고 사과하는 건 어렵지만 꼭 해야 해. 책임을 지는 가장 용기 있는 행동이고, 그래야 친구와 더 나은 관계를 이어 나갈 수 있거든.

 **고민 8** 친구들이 나를 따돌려요.

고민 상담방

훅

친구는 왜 그랬을까?

친구들이 자네를 따돌린다면 그게 누구 때문인지, 무엇 때문인지를 먼저 잘 파악해야 한다네. 만약 자네 때문이라고 생각한다면 자네가 무얼 잘못했는지, 그리고 그때 그 친구의 입장이 어떠했을지를 생각해 보시게. 그 뒤 자네가 달라진 모습을 보여 주면 된다네. 만약 자네가 무얼 잘못했는지 모르겠다면 친구에게 솔직하게 물어봐도 좋겠지.

야미

그럴 땐 이렇게 말해 봐!

"날 따돌리는 것 같아서 속상하고 슬퍼. 내가 뭘 잘못했는지 모르겠고. 만약 내가 잘못을 했다면 이야기해 줄래?"

보라

그럴 땐 이렇게 생각해 봐!

하지만 만약 네 잘못이 아니라면 네 자신을 탓하거나 그 친구한테 억지로 맞추려고 노력할 필요는 없다고 생각해. 그 친구가 열등감 때문에 널 피하고, 따돌리는 것일 수도 있으니까. 실망하지 말고 지금 네 모습 그대로를 좋아해 줄 사람을 찾자.

보라

한 가지 더!

잊지 마. 여럿이 한 사람을 따돌리는 건 잘못된 행동이야! 친구들이 이유도 없이 널 따돌린다면 다시는 그러지 말라고 단호하게 이야기하는 것도 좋을 것 같아.

고민 9

친구가 갑자기 말도 안 하고 표정도 좋지 않아요.

고민 상담방

친구에게 토라진 내 진짜 마음은…….
세아

친구는 왜 그랬을까?
훅

먼저 친구가 정말 자네에게 토라진 건지, 자넬 무시하고 있는 게 맞는지를 확인하게나. 다른 사람에게는 친절하면서 자네만 무시하거나 쌀쌀맞게 군다면 그건 자네에게 뭔가 언짢은 점이 있는 게 맞을 거라네. 만약 그렇다면 혹시 잘못한 게 있는지를 생각해 보고 친구와 대화를 해 보시게.

그럴 땐 이렇게 말해 봐!
야미

"네가 나를 무시하는 것 같아 답답하고 슬퍼. 내가 뭘 잘못했는지 말해 줄래? 특별한 이유 없이 그러는 거라면 앞으로 그러지 않았으면 좋겠어."

한 가지 더!
보라

만약 친구가 정말 말도 안 되는 이유로 토라진 거라면 그 친구와 관계를 계속 이어 나갈지 고민해 봐. 무턱대고 친구의 기분에 다 맞춰야 하는 건 아니니까. 하지만 누군가 너를 무시한다고 해서 너도 똑같이 무시해서는 안 돼. 상대방의 마음을 한번 생각해 보고, 화가 나더라도 예의를 갖고 대하는 게 성숙한 태도니까.

고민 10

 사이가 불편한 친구와 같은 모둠이 되었어요.

고민 상담방

욱

나는 어떻게 해야 할까?

모둠의 다른 친구들은 자네와 그 친구의 관계를 알고 있는지 궁금하군. 그 친구와의 불편한 관계가 모둠 활동에 방해가 된다면, 그건 모둠 친구들 전체의 문제가 될 수도 있다네. 그러니 신중해야 해. 자네가 그 친구를 왜 불편하게 생각하는지 잘 생각해 보게나. 그리고 큰 문제가 아니라면 일단 불편한 감정을 접어 두고 모둠 활동에 집중하시게. 모둠 활동은 개인의 감정보다는 함께 결과물을 내는 게 더 중요하니까 말일세.

야미

그럴 땐 이렇게 말해 봐!

"친구야, 모둠 활동은 모두 함께 참여해야 해. 그런데 나도 그렇고, 너도 날 불편하게 생각하는 것 같아. 하지만 우리가 이러면 다른 모둠원들이 불편하고 힘들어져. 일단 우리 모둠 활동에서 티 내지 말고 잘해 보자."

야미

그럴 땐 이렇게 생각해 봐!

만약 말을 하기 어렵다면 '내 감정대로 행동하면 모둠에 방해가 될 거야. 그러니 일단 결과물을 내는 데만 집중해 보자.' 하고 마음을 다잡으면 어때?

보라

한 가지 더!

만약 그 친구가 모둠 활동에 제대로 참여하지 않고 막무가내로 굴거나 방해하고, 폭력까지 쓴다면 선생님께 꼭 말해야 해.

고민 11

 단짝 친구가 멀어지는 것 같아서 불안해요.

고민 상담방

훅

친구는 왜 그랬을까?

친구의 마음은 자네 것이 아니라네. 자네가 좋아하는 친구가 자네를 항상 좋아해 준다면야 더할 나위 없이 기쁜 일이지만, 그건 자네 마음대로 할 수 있는 건 아니지. 친구의 태도가 갑자기 변했다면, 자네에게 혹 서운한 점이 있었는지 한번 물어보게나. 만약 그 친구가 자네에게 소중한 사람이라면, 자네의 실수를 사과하고 친밀한 관계를 지켜 나갈 수 있도록 친구에게 최선을 다해 보시게. 자신을 소중히 여긴다는 느낌을 받으면, 친구도 자네의 마음을 알아줄 테니 말일세.

야미

그럴 땐 이렇게 말해 봐!

"혹시 나에게 서운했던 적 있었어? 나에 대한 네 감정이 좋지 않은 것 같다는 생각이 들어서 속상했어. 네 상황과 감정을 솔직히 말해 줄 수 있을까?"

보라

한 가지 더!

만약 이렇게 물었을 때 친구가 네게 납득할 수 없는 걸 요구한다면 그건 무시해 버려. 그리고 그 일로 친구가 떠나갔다면 억지로 붙잡지도 말고. 안타깝고 슬프지만, 떠난 마음이 쉽게 돌아오는 건 아니니까. 때로는 이별도 소중한 경험일 수 있어. 그리고 진짜 인연이라면 다시 친해질 기회나 날이 찾아올 수도 있을 거야. 슬퍼만 하지 말자. 알았지?

고민 상담방

훅

친구는 왜 그랬을까?

자기 기분대로 행동하는 친구 때문에 무척이나 힘드실 것 같군. 기분에 따라 친구의 태도가 바뀐다면, 그 친구를 어떻게 대해야 할지 무척 혼란스럽겠지. 나아가 그 친구와의 관계가 자네에게 스트레스가 될 것이고 말일세. 아무리 친구가 소중하다고 해도, 누구보다 나 자신을 먼저 생각해야 하네. 나에게 상처를 주는 관계는 좋은 관계가 아니지. 일단, 자네의 솔직한 마음을 전달해 보시게나. 그런 뒤에도 자네를 대하는 태도가 달라지지 않는다면 조금 거리를 두는 것도 자네를 위한 방법일 수 있다는 걸 명심하시게나.

야미

그럴 땐 이렇게 말해 봐!

"네 기분이 안 좋으면 곧장 나를 무시하고 함부로 대하는 것 같아서 속상해. 내 입장을 조금 더 생각하고 날 더 배려해 줬으면 좋겠어."

보라

한 가지 더!

기분이 태도가 되어서는 안 돼. 기분이야 네 안에서 저절로 일어나는 마음이니 어쩔 수 없지만, 태도나 행동은 네가 바꿀 수 있잖아. 아무리 가깝고 친한 사이라도, 친구를 자신의 감정을 내던지는 '감정 쓰레기통'쯤으로 여긴다면 그 누가 곁에 있어 주겠어? 그러니 가까운 친구가 곁에 있을 때 잘해야 하는 거야.

Chapter 2.
해별, 세린, 이나, 다정의 이야기

캐릭터 소개

고민 1

친구 SNS가 내 SNS보다 조회 수가 더 높아서 속상해요.

| 고민 상담방 | ≡ |

> 친구를 축하해 주지 못한 내 진짜 마음은…….
> 이나

 욱 　**나는 왜 그렇게 말했을까?**

허허, 부럽고 질투 나는 마음은 당연한 거라네. 질투라는 건 내가 갖지 못한 걸 가진 사람을 부러워하고 샘을 내거나 화가 나기도 하는 감정이지. 그런 마음이 생기거든 아닌 척 숨기려 하지 말고 솔직히 표현하게나. 괜히 친구를 깎아내리려 하지 말고. 그리고 그 마음을 원동력으로 삼아 더 열심히 노력하면 된다네.

 야미 　**그럴 땐 이렇게 말해 봐!**

"축하해. 너무 부럽다. 나도 너만큼 조회 수가 나올 수 있도록 이제부터 더 열심히 할래!"
만약 혼자 노력하기가 힘들다면 "나 좀 도와줄 수 있어? 너 편집 잘하잖아. 너한테 편집도 배워 보고 싶어서." 하고 부탁해 보는 건 어때? 다른 사람의 능력을 인정하고 자신의 부족함도 솔직히 말하는 행동은 정말 멋진 모습이니까.

고민 2

친구가 내 메시지를 읽고도 답장을 보내지 않아요.

고민 상담방

훅

친구는 왜 이렇게 행동했을까?

메시지를 읽고 답장을 하지 않은 건 어쩌면 그 메시지에 답하는 것이 급하지 않다고 생각했기 때문일 수 있다네. 사람마다 행동을 하는 속도가 다르듯이, 마음의 속도 또한 다른 법이지. 그러니 내 마음의 속도를 기준으로 친구가 답장을 늦게 줬으니 나를 무시했다고 생각해서는 안 되는 것이라네.

야미

그럴 땐 이렇게 말해 봐!

"친구야, 몇 시간 동안 대답이 없어서 답답하고 불안해. 무슨 일 있어? 대답을 해 줬으면 좋겠어." 하고 메시지를 보내 보는 건 어때?

보라

마음을 다해 똑똑하게, 다정하게 말해 봐!

정말 급한 일이라면 메시지에 급하다는 말을 쓰거나 직접 전화를 하는 것도 좋은 방법이야. 그리고 혹시 난감한 질문이나 요청을 하지는 않았나 생각해 봐. 메시지를 읽고 대답을 하지 않을 때는 어떤 문제를 고민하고 있는 중일 수도 있거든. 친구에게 "혹시 대답하기 곤란하면 편할 때 말해 줘도 괜찮아." 하면서 부담을 줄여 줘도 좋아.

고민 상담방

훅

친구들은 왜 그랬을까?

자네가 없는 단체 채팅방을 만든 게 일부러 그런 건지, 아니면 그저 실수였는지를 먼저 확인하셔야 하네. 수업 자료 공유 같은 다른 목적으로 채팅방을 만들었을 수도 있고, 아니면 진짜 실수로 자네를 빠트렸을 수도 있으니. 그런데 이 둘 다 아니라면 뭔가 자네와 맞지 않는 채팅방일 수 있다네. 자네가 불편해할까 봐 따로 채팅방을 만든 거고. 만약 그런 이유라면 억지로 그 친구들에게 맞추려 하지는 마시게.

아미

그럴 땐 이렇게 말해 봐!

"너희끼리 내가 모르는 이야기를 하니까 서운하고 속도 상해. 왜 나만 빼고 너희끼리 따로 단체 채팅방을 만든 거야? 나도 알고 싶어."

보라

한 가지 더!

만약 단체 채팅방에서 다른 친구들이 단체로 너를 비난하거나 너만 빼고 동시에 채팅방을 나가 버리는 행동을 한다면 선생님이나 부모님께 꼭 말씀드려. 온라인에서의 폭력은 실제로 가하는 폭력이 아니라고 생각해서 가볍게 생각하는 아이들이 많거든. 하지만 잊지 마. 온라인에서의 폭력은 실제로 마음에 씻을 수 없는 상처를 주는, 아주 나쁜 행동이라는 걸.

고민 상담방

욱

친구는 왜 그랬을까?

'이건 비밀인데', '다른 친구한테 절대 이야기하면 안 돼'라며 자네의 비밀을 공유했다고 친구가 그 비밀을 지켜 주리라 믿는가? 노(NO)! 절대 그렇지 않다네. 아마도 그 친구는 비밀을 지켜야 한다는 마음의 무거운 짐을 떠맡기기 위해서 다른 누군가에게 전할 거라네. '이건 비밀인데', '다른 친구한테 절대 이야기하면 안 돼'라고 똑같이 말하면서 말일세. 그러니 정말 지키고 싶은 비밀이라면 친구에게 전하지 않는 게 좋을 걸세.

야미

그럴 땐 이렇게 말해 봐!

내 비밀을 친구가 다른 친구에게 말했다는 사실을 알았다면, "너를 믿고 말했는데 네가 다른 애들한테 말해서 너무 서운했어. 네가 우리 우정을 저버린 것 같아 속상하고 섭섭해." 하고 솔직하게 이야기해 봐!

보라

마음을 다해 똑똑하게, 다정하게 말해 봐!

만약 다른 친구들 이야기를 자주 하는 친구가 "이건 비밀인데……." 라면서 다른 친구의 비밀을 말하려고 하면, 이렇게 말해 봐. "네가 생각할 때, 나한테 말해도 괜찮다고 생각되는 이야기만 하면 좋겠어. 나도 비밀을 지켜야 한다는 게 좀 부담스럽거든. 괜히 그 친구의 뒷담화를 한 것 같아서 미안하기도 하고……." 하고 말이야.

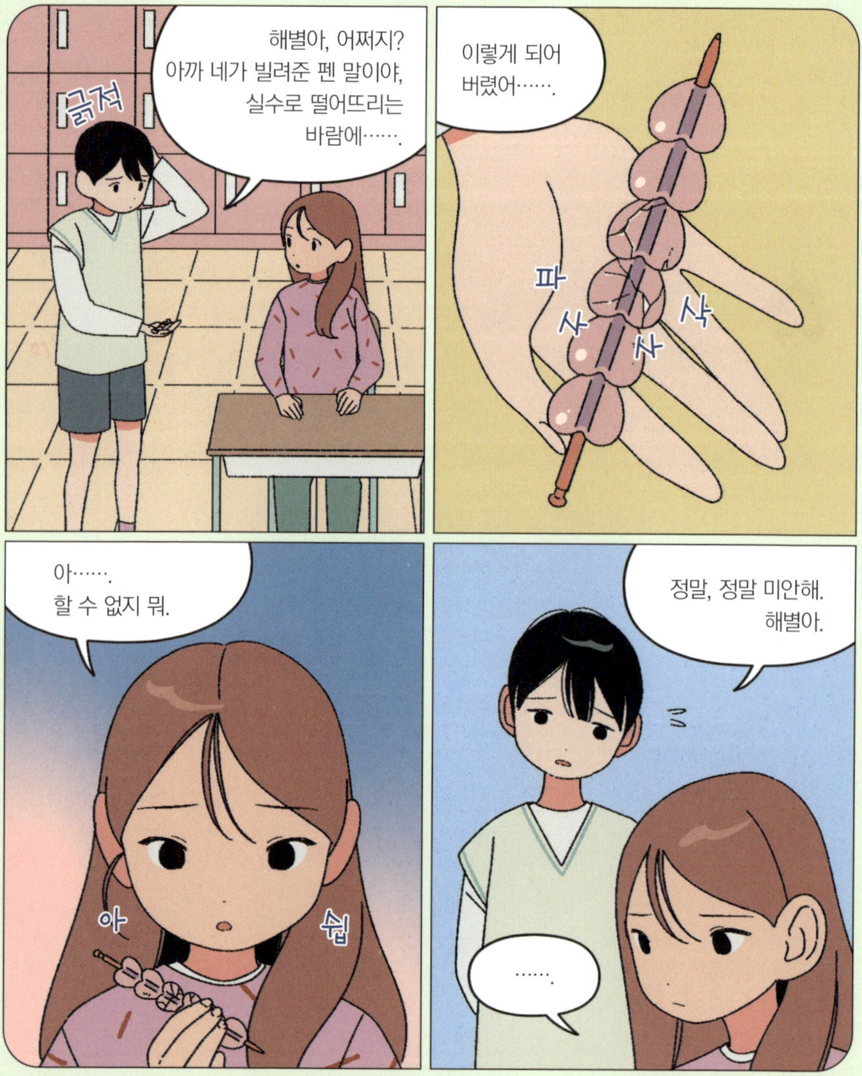

고민 상담방

훅

친구는 왜 그랬을까?

친구가 일부러 망가뜨렸다고 생각하시는가? 그렇지 않다면 처음부터 그 펜이 없었던 것이라고 생각하시게. 펜과 친구 중, 펜이 더 소중한 게 아니라면 말이네. 하지만 그렇다고 펜이 망가져서 속상한 마음까지 참고 숨겨야 하는 건 아닐세. 자네의 마음이 정확히 어떤지를 말할 필요는 있네. 다음부터는 소중히 써 달라고 약속도 받고 말일세.

야미

그럴 땐 이렇게 말해 봐!

"내 물건이 망가져서 너무 속상해. 하지만 네가 일부러 그런 게 아니라는 것도 알아. 다음부터는 내 물건을 소중히 여겨 주면 좋겠어. 부탁해!"

보라

한 가지 더!

비싸거나, 굉장히 소중한 물건이어서 망가뜨리거나 잃어버려선 안 되는 물건이라면 솔직히 말하고 빌려주지 않는 게 나아. 물건도, 친구도 모두 잃고 싶지 않다면 말이야.

비슷한 경험이 있다면 함께 이야기해 볼까?

해별

나도 물건을 빌려줬다가 친구가 잃어버려서 속상한 적이 있어. 거기다, 친구가 제대로 된 사과도 안 하는 거야. 어떻게 말해야 하나 엄청 고민했는데 다음 날 친구가 햄버거를 사 주며 정말 미안하다고 해서 마음이 풀렸어. 나도 다음부턴 친구 물건을 쓸 때 소중히 써야겠다 다짐했고.

고민 상담방

훅

친구는 왜 그렇게 말했을까?

무슨 일이 일어났을 때 누군가를 의심하는 건 자기 자신을 먼저 지키기 위한 행동이라네. 다시 말해, 그 친구는 자신에게 악플을 다는 나쁜 행동을 한 사람이 친구인 것이 더 감당하기 편하기 때문에 자네를 의심하는 게지. 누구인지 몰라 두려움에 떨지 않아도 되니 말일세. 하지만 자고로 친구 사이엔 믿음과 신뢰가 중요한 법! 나를 의심하는 친구에게는 분명히 말해 두는 게 좋다네. 의심을 받는 기분이 어떤지. 그리고 자네를 왜 의심하는지 꼭 물어보게나. 그러면 그 친구도 스스로 자기 생각을 되돌아볼 기회를 가질 수 있을 거라네. 아! 만약 자네가 나쁜 행동을 하지 않았다는 증거가 있다면 더욱 좋을 테고.

야미

그럴 땐 이렇게 말해 봐!

"네가 나를 의심하는 것 같아서 솔직히 억울하고 속상해. 나를 왜 의심하는지 말해 줄 수 있어?"

보라

한 가지 더!

꼭 기억해. 의심은 한번 품으면 아무 근거가 없어도 마음속에서 점점 눈덩이처럼 커지기 마련이야. 그러니 반대로 네가 누군가가 의심이 될 때는 확실한 증거가 있는지 꼭 확인해 봐. 증거도 없이 친구를 의심했다가는 소중한 친구를 잃게 될 수도 있으니까.

고민 7

친구가 내 사진을 허락도 없이 SNS에 올렸어요.

고민 상담방

욱

나는 어떻게 해야 할까?

친구 눈치를 보느라 솔직한 내 마음을 외면하지 마시게나. 불만스럽고, 서운한 마음이 하나하나 쌓이다 보면 결국 친구 관계가 더 망가져 버리게 될 수도 있으니. 그러니 불만이 있다면 친구가 기분 나쁘지 않게 솔직한 마음을 잘 전달해 보게나.

야미

그럴 땐 이렇게 말해 봐!

"친구야. 나에게 물어보지도 않고 잘 못 나온 내 사진을 SNS에 마음대로 올려서 놀라고 당황했어. 다음부터는 올리기 전에 나한테 먼저 말해 줄래? 응? 꼭이야!" 하고 말이야.

비슷한 경험이 있다면 함께 이야기해 볼까?
다정

나는 절친인 친구와 서로 잘 못 나온 사진을 가지고 자주 낄낄대곤 했어. 그런데 하루는 그 친구가 그 사진 중 하나를 SNS에 올려서 '좋아요'를 엄청 많이 받았다고 자랑하는 거야. 그날부터 난 내가 못생기게 나온 사진이 인터넷에 돌아다닐까 봐 싫고 불안하고, 밤에 잠도 안 왔어. 그래서 참다 못해 친구한테 말했지. 그랬더니 친구가 깜짝 놀라면서 내 팔로워 수도 늘어났으니 나도 좋아할 줄 알았대. 미처 알지 못해서 미안하다는 말과 함께.
다시 생각해도 친구한테 솔직히 말하길 참 잘한 것 같아.

고민 8

 친구의 부탁을 거절하지 못하겠어요.

고민 상담방

훅

나는 왜 그랬을까?

자네가 거절을 못하는 이유가 무엇일지 생각해 보게. 부탁을 거절하면 친구가 자넬 싫어할까 봐 그러는 겐가? 하지만 말일세, 부탁을 거절한다고 해서 모든 사람이 자네를 미워하거나 싫어하지 않는다네. 물론 거절을 할 때 친구의 기분이 나쁘지 않게 잘 말해야겠지. 그 말인즉슨 나를 믿고 부탁해 줘서 고맙다는 마음을 먼저 전하고, 부탁을 들어주지 못하는 이유나 상황, 아쉬움 등을 꼭 말하라는 뜻이라네. 도와주고 싶긴 한데 상황이 안 된다면, 그 상황이 해결된 뒤 도와주겠다는 약속을 해도 좋고.

야미

그럴 땐 이렇게 말해 봐!

"내 SNS를 칭찬해 줘서 고마워. 그런데 내 SNS를 관리하는 데도 시간이 많이 걸려서 네 사진까지 꾸며 주기엔 시간이 좀 안 될 것 같아. 대신 내가 너한테 사진 꾸미기 기술을 알려 주면 어떨까?"

보라

한 가지 더!

만약 친구가 평소 자기 주장이 강한 편이거나 인기가 많다면, 부담스러워서 더욱 거절하기가 어려울 수도 있어. 하지만 친구에게 솔직한 마음을 바로 털어놓지 않는다면 앞으로도 그 친구가 더 부담스러운 부탁이나 제안을 해 올지도 몰라.
또, 반대로 네 부탁을 친구가 거절한다고 해서 너와의 친구 관계도 거부당했다고 받아들여서는 안 돼. 그 친구가 부탁을 들어줄 상황이 아니었을 뿐이니까.

고민 9

내가 말할 때 친구가 자꾸 끼어들어요.

고민 상담방

훅

> 친구는 왜 그랬을까?

친구가 자네의 말 중간중간에 자꾸 끼어든다면 그건 자네의 말에 흥미를 못 느끼고 있다는 것일 수도 있네. 그래서 대화의 주제를 바꾸고 싶었던 게지. 하지만 그것보다는 다른 사람의 말을 끊고 자기 얘기를 하는 사람들은 대부분 자기 이야기를 하고 싶은 급한 마음 때문에 상대의 말이 끝나기를 기다리지 못하기 때문이라네. 만약 후자라면 친구에게 자네의 말을 더 끝까지 들어주면 좋겠다고 이야기해 보게나.

야미

> 그럴 땐 이렇게 말해 봐!

"내가 말을 하고 있는 도중에 네가 자꾸 내 말을 끊어서 답답해. 나도 하고 싶은 말이 있단 말이야. 친구야, 내 말이 끝날 때까지 조금만 기다렸다가 네 이야기를 해 줄래?"

보라

> 한 가지 더!

친구와 대화할 때는 상대의 말을 잘 들어 주어야 해. 그러면서 그 말을 하는 친구의 마음이 어떨지 생각해 보는 거야. 그리고 공감이 간다면 맞장구치며 호응해 주는 거지. 그러다 보면 아마도 끼어들어 대화의 흐름을 끊을 일도 없을 거야.

고민 상담방

욱

나는 어떻게 해야 할까?

대화에 끼고는 싶은데, 친구들이 잘 모르는 주제로 이야기하고 있다면 일단 대화 내용을 잘 들어 보시게. 관심 있게 귀 기울여 들으면서 궁금한 것들을 물어보는 거지. 누구나 자신이 좋아하는 것에 관심을 가져 주고 공감해 주면 상대에게 호감을 느끼기 마련이라네. 친구들의 대화 주제가 불편하거나 흥미가 아예 없는 게 아니라면 한번 관심을 가져 보는 건 어떠신가?

보라

한 가지 더!

대화는 한 사람이 일방적으로 끌고 가는 게 아니야. 주고받고, 서로 나누어야 진정한 대화인 것이지. 그래서 대화를 할 때는 상대방의 표정을 잘 살피는 것도 중요해. 표정에 즐거움이 드러나 있지 않으면 대화 주제를 바꿔 보는 것도 도움이 될 거야.

비슷한 경험이 있다면 함께 이야기해 볼까?

세린

나도 그랬어! 나랑 같이 노는 두 친구가 한동안 어떤 애니메이션 얘기만 계속 늘어놓는 거야. 소외된 것 같고 서운한 마음에 첨엔 조금 삐져 있었는데, 우연히 그 애니메이션을 봤거든? 그런데 엄청 재미있더라고. 그 뒤로 나는 친구들이 잘 모르는 이야기를 해도 귀를 기울이게 됐어. 몰랐던 것들을 잔뜩 알게 될 수도 있으니까!

고민 상담방

훅 | **나는 왜 그랬을까?**

새로운 도전을 시작하다 보면 처음 결심과는 다르게 어려움을 겪기도 한다네. 자네의 선택에 책임을 지기 위해 끝까지 해내려는 태도는 박수 받을 일이지만, 하고 싶지 않은 일을 남의 시선 때문에 억지로 하면서 버티지는 마시게. 정말 최선을 다했다고 생각한다면, 포기하는 것도 나를 사랑하는 방법이자 용기 있는 행동이지. 하지만 남들에게는 그냥 '힘들다', '하기 싫다'라고 단순히 얘기하기보다는 얼마 동안 어떻게 노력했고, 어떤 점이 힘들어서 그만두게 되었는지 구체적인 이유를 들어 말씀해 보시게나. 그러면 아마 그 말을 듣는 상대방도 자네의 마음을 더 잘 이해할 수 있을 테니 말일세.

야미 | **그럴 땐 이렇게 말해 봐!**

"SNS를 관리하는 데 생각보다 시간과 노력이 많이 드는데도 내 기대만큼 호응이 없어서 속상해. 학교랑 학원 숙제 할 시간도 부족하고. 그래서 일단은 공부에 집중했다가 나중에 기회가 되면 그때 다시 해 보려고 해."

보라 | **한 가지 더!**

어떤 일에 도전할 때는 굳게 마음을 먹고 시작하도록 해. 처음 시작하는 일들은 대부분 어렵기 마련이니까. 하지만 그 어려움을 극복한다면, 한 뼘 더 성장한 네 자신을 발견할 수 있을 거야.

Chapter 3.
진우, 민재, 지훈, 우찬의 이야기

캐릭터 소개

춤과 노래에 재능이 있는 '재능꾼'. 사람들 앞에 나서서 관심 받는 걸 좋아한다.

진우

진우와 함께 어울리는 친구 중 한 명. 게임을 무척 좋아한다.

민재

진우와 함께 어울리는 친구 중 한 명. 모범생이다.

지훈

진우와 갈등을 일으키는 친구. 거칠고 사나운 말을 거침없이 내뱉는 편이지만 알고 보면 여린 마음을 지녔다.

우찬

"이 네 소년들의 고민이 무엇일지 짐작이 가는가?"

"궁금하면 얼른 다음 장을 넘겨 봐!"

"말 고민, 관계 고민! 우리가 다 들어 줄게!"

고민 상담방

훅

친구들은 왜 그랬을까?

모둠 숙제는 모두가 각자 역할을 맡아 의견을 나누며 협동을 해서 하나의 결과물을 만들어 내는 것에 그 의미가 있다네. 하지만 내가 열심히 하지 않아도 누군가 열심히 한다면 모둠원 모두가 똑같이 좋은 점수를 받을 수 있기 때문에 가능한 한 책임을 떠안지 않으려는 마음이 들 수도 있다네. 그러나 명심하시게. 시간이 없다고 피하거나, 아무 역할도 맡지 않고, 어떤 의견조차 내지 않으면 다른 모둠원들에게 피해를 주게 된다는 것을.

야미

그럴 땐 이렇게 말해 봐!

"모둠 숙제인데 아무도 참여하지 않고 나 혼자 하는 것 같아서 부담되고 화도 나. 각자 역할을 나눠서 모두 함께 숙제를 하고 싶어."

야미

그럴 땐 이렇게 생각해 봐!

친구들이 모둠 숙제에 적극적이지 않은 건 다른 이유 때문일 수도 있어. 네가 친구들의 의견을 듣거나 묻지 않고 마음대로 정해서 입을 다물어 버린 걸지도 모르지. 그러니 친구들이 아무 의견도 내지 않는다면, 혹시 네가 친구들 의견을 무시하고 모든 것을 혼자 정하진 않았는지 되돌아보는 것도 필요해.

보라

한 가지 더!

친구들에게 함께하자고 아무리 말해도 계속 참여하지 않으면 선생님께 말씀드리는 것도 생각해 봐.

고민 1-1

친구가 다른 모둠원의 의견은 물어보지 않고 일방적으로 결정해요.

고민 상담방

훅 — 친구는 왜 그랬을까?

이번엔 같은 상황을 진우 군이 아니라 민재 군의 시점으로 보는 것이로군. 민재 군은 진우 군이 다른 모둠원들의 의견은 물어보지 않고 혼자서 일방적으로 결정한다고 하는데, 민재 군에게 한 가지 묻고 싶네. 다른 모둠원들이 의견을 내는데도 진우 군이 무시한 겐가? 아니면 모둠원들은 의견 없이 그저 듣고만 있었던 겐가? 만약 모둠원들이 듣고만 있었다면, 어쩌면 진우 군 같은 친구는 자신이 일방적으로 결정하고 있다는 사실을 잘 모를 수도 있다네. 다른 모둠원들이 자신과 생각이 같기 때문에 조용한 것이라고 생각할 수 있거든. 그러니 다른 의견이 있다면 분명히 말하게나.

야미 — 그럴 땐 이렇게 말해 봐!

"모둠 과제인데 너 혼자 마음대로 결정하는 건 모둠 숙제 취지에 맞지 않는 것 같아. 우리 의견도 들어 보고 다 같이 결정했으면 좋겠어."

보라 — 마음을 다해 똑똑하게, 다정하게 말해 봐!

다른 친구들이 의견을 냈는데도 듣지 않고 무시한다면 "네 생각대로 다 결정하는 건 모둠 활동이 아니라고 생각해. 그건 개인 활동이지. 네 의견도 따를 테니, 우리 의견도 함께 받아들여 줘. 하나씩 서로 양보하면서 모둠 숙제를 해 보자. 어때?" 하고 말해 보는 것도 좋을 거야.

고민 2

 게임 할 때 친구가 자꾸 자기에게만 유리한 규칙을 정해요.

고민 상담방

훅

친구는 왜 그렇게 말했을까?

친구는 지는 게 두려운 모양이로군. 그러니 규칙을 바꿔서라도 이기고 싶었던 게지. 그런 친구의 마음을 알면서도 모른 척 규칙에 대해 아옹다옹해 봐야 갈등만 더 커질 뿐이라네. 규칙이 분명한 게임이라면 설명서를 찾아 보여 주고, 규칙이 분명하지 않은 게임이라면 일단 친구에게 이번 뿐이라고 하면서 한 번은 넘어가 주도록 하게나. 대신 또다시 마음대로 규칙을 바꾸면 안 된다는 걸 분명하게 말해야 한다네.

야미

그럴 땐 이렇게 말해 봐!

"네 마음대로 자꾸 규칙을 바꿔서 화가 나. 네가 계속 규칙을 바꾸면 나는 앞으로 너랑 게임을 하고 싶지 않을 거 같아. 그러니까 이번 판은 원래 규칙대로 하고, 다음 판에는 우리 같이 상의해서 새 규칙을 정한 뒤에 시작하면 어때? 어떻게 할지 네가 선택해서 말해 줘."

보라

한 가지 더!

여럿이 하는 놀이나 게임을 할 땐 처음부터 규칙을 함께 정해야 해. 그리고 일단 놀이를 시작한 뒤엔 규칙을 마음대로 바꿔서도 안 되고. 만약, 서로 규칙을 다르게 이해하고 있었다면, 정확한 규칙을 다시 찾아보거나 게임을 하는 멤버 모두가 의견을 모아 함께 정해 봐.

고민 3

 친구가 주변을 살피지 않고 갑자기 튀어나오는 바람에 부딪혀서 화가 나요.

고민 상담방

묵

나는 어떻게 해야 할까?

친구의 작은 실수에도 화가 난다면 일단 숨을 크게 세 번 들이마시고 내쉬면서 판단해 보게나. 마음속 화가 친구 때문인지, 아니면 내 마음속에 쌓여 있던 다른 불만들 때문인지 말일세. 만약 친구의 실수 때문이라면 이번에는 친구의 실수가 화를 내야 할 만큼 심각한 실수인지, 다른 사람이었어도 똑같이 화를 낼 것 같은지, 내가 화를 내면 무엇이 바뀔지를 잘 생각해 보게나. 그럼에도 화가 풀리지 않는다면, 차분하게 내 감정을 표현해 보시게나.

야미

그럴 땐 이렇게 말해 봐!

"네가 주변도 안 보고 갑자기 튀어나오는 바람에 나랑 부딪혀 놓고 한마디 사과도 없이 그냥 가 버려서 불쾌했어. 나에게 진심으로 사과해 줘. 그럼 나도 마음이 풀릴 것 같아."

보라

마음을 다해 똑똑하게, 다정하게 말해 봐!

친구가 잘못을 했더라도 무작정 비난부터 하거나 벌컥 화부터 내는 건 좋지 않아. 그러면 친구가 사과를 하려다가도 미안한 마음이 쏙 들어갈 수도 있다고. 또한 만약, 친구가 진심으로 사과하면 너도 꼭 멋지게 용서해 줘. 그러면 그 친구와의 관계도 돈독해지고, 다음에 네가 실수했을 때 너도 사과할 용기를 가질 수 있을 테니까.

고민 4

우리는 삼총사.
그런데 다른 두 친구가 싸워서 말도 안 해요.

고민 상담방

민재에게 화가 난 나의 진짜 마음은…….

진우

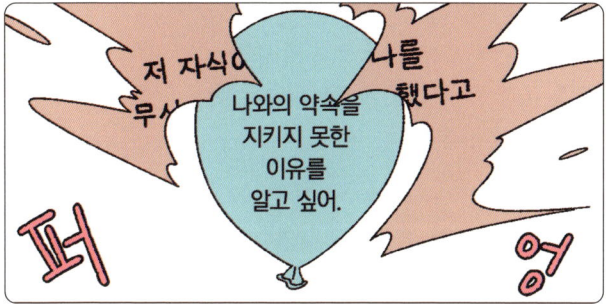

진우에게 화가 난 나의 진짜 마음은…….

민재

'나답게' 생각해 볼까?

보라 세 명이 함께 단짝 친구인데 다른 두 친구가 다퉈서 서로 말을 안 하려고 하면 네 마음도 좋지 않고 무척 불편할 거야. 그럴 땐 네가 친구들의 마음을 연결하는 다리가 되어 주는 건 어때? 어쩌면 그 두 친구가 서로에게 사과하고 싶지만 자존심이나 부끄러움 때문에 선뜻 먼저 사과를 못 하고 있을지도 모르니까.

그리고 상대를 향한 비난은, 사실 상대에게 바라는 게 있다는 걸 조금 삐딱하게 표현하는 것이기도 해. 그러니 네가 두 친구의 이야기를 각각 따로 들어 보는 게 좋아. 친구들의 감정이 어떤지, 그리고 서로에게 원하는 게 뭔지 말이야. 그 감정을 충분히 공감해 준 뒤, 바라는 바를 다른 친구에게 사실 그대로 전해 주면 돼.

야미

> 그럴 땐 이렇게 말해 봐!

"진우야, 민재가 약속을 지키지 않아서 무시당한 것 같고 속상했겠다. 그런데 민재가 어쩔 수 없는 이유가 있었대. 네가 듣지 않고 화부터 내는 바람에 이야기를 하지 못했다 하더라고. 너한테 설명하고 이해받고 싶대."

"민재야, 진우가 이유를 들어 보지도 않고 화를 내서 놀라고 당황했겠다. 그런데 진우는 네가 약속을 지키지 않아 자기를 무시한 것 같다는 생각이 들었대. 너한테 사정이 있었다면 들어 보고 화를 낸 걸 사과하고 싶다 하더라고."

보라

> 한 가지 더!

친구들 사이를 중재할 때, 너는 친구들이 서로의 마음을 헤아려 볼 수 있도록 꼭 필요한 말만 전달하는 역할을 해야 해. 만에 하나 네가 마치 재판관처럼 서로의 잘잘못을 지적하려고 들면 아마도 친구 관계를 더 악화시키고 말 거야.

아래 상황을 잘 보고 '나라면' 어떻게 말할지 생각해 봐!

고민 5

 학교에서 같이 놀 친구가 없어요.

고민 상담방

훅

나는 어떻게 해야 할까?

만약 정말로 혼자가 좋은 거라면 기죽지 말고 자신감을 가지시게. 하지만 그게 아니라면, 자네가 먼저 친구들에게 다가가 보게나. 어쩌면 친구들은 자네가 다른 사람들과 함께 어울리는 걸 좋아하지 않는다고 생각할 수도 있으니 말일세. 만일 먼저 다가가는 게 힘들다면 친구들의 행동에 반응을 보여 보는 것도 좋다네. 그러면 다른 친구들이 자네에게 먼저 다가와 줄 수도 있으니 말일세. 그마저도 힘들다면, 다른 친구들과 함께하는 활동에 적극적으로 성실하게 참여하고, 다정한 말투로 말해 보게나. 그것만으로도 친구들의 호감을 사기엔 충분할 테니까.

야미

그럴 땐 이렇게 말해 봐!

"엇, 친구야! 혹시 내가 도와줄까?"
"너 축구 정말 잘하는구나. 나도 축구 좋아하는데. 넌 축구 선수 누굴 좋아해?"

보라

한 가지 더!

최근에 본 영화, 책, 내가 좋아하는 캐릭터, 즐겨 듣는 음악 등에 대해 가벼운 대화를 시도해 볼까? 친구가 내 관심사에 반응을 하면 친구의 이야기를 잘 듣고 있다가 다음 질문을 이어가 보렴. 서로 관심사가 비슷하고 대화가 잘 통하면 우정도 자연스레 쌓이게 될 거야.

고민 6

 함께 청소하는 청소 당번 친구가 청소도 안 하고 도망갔어요.

고민 상담방

훅

나는 어떻게 해야 할까?

자, 일단은 청소를 마치시게. 그 친구 때문에 자네까지 무책임하게 행동해서는 안 되지 않겠나? 그런 다음, 그 친구에게 자네가 얼마나 곤란을 겪었는지 솔직하게 이야기하시게. 그래서 친구에게 사과를 받고 앞으로 그러지 않겠다는 다짐도 꼭 받아 내시게. 다음번에 자네 대신 청소를 한 번 해 달라는 이야기를 해 봐도 좋겠지.

야미

그럴 땐 이렇게 말해 봐!

"네가 청소를 하지 않고 그냥 가 버리는 바람에 나 혼자 다 청소해야 해서 힘들고 짜증 났어. 너도 청소 당번이니 다음부터는 꼭 함께 청소하자. 알았지?"

보라

한 가지 더!

만약, 친구에게 그렇게 말했는데도 사과하지 않거나 같은 행동을 반복하면 선생님께 말씀드려 보는 것도 좋아.

비슷한 경험이 있다면 함께 이야기해 볼까?

지훈

나도 똑같은 일이 있었어. 그래서 그 친구와 말해 보니, 그 친구는 나랑 친하니까 내가 이해해 줄 거라 생각했대. 그래서 내 마음을 솔직히 말해 주니 친구가 미안하다고 하더라고. 솔직하면서 상냥하게 말하길 잘한 것 같아.

고민 7

 친구랑 대회에 참여했는데 친구만 상을 받고 나는 받지 못했어요.

감사합니다!

축하해요. 고생했어요.

같은 학원에서 똑같이 공부했는데 왜 난······.

고민 상담방

훅

나는 왜 그랬을까?

자네도 열심히 노력했는데 상을 받지 못했는가? 그렇다면 지금 어떤 감정이 드는지 자네 마음을 잘 들여다보게. 혹 불편하거나 속상하고 억울한 감정이 들어도 그건 결코 이상하거나 잘못된 것이 아니라네. 상을 받은 친구가 잘못한 건 더더욱 아니고 말이야.

상을 받고 싶었던 건 자네 노력을 인정받고 싶었기 때문이라네. 그러니 비록 상은 못 받았어도, 열심히 노력한 자기 자신을 인정해 주게나. 다른 누구보다 자기 스스로를 대우하고 아끼는 것은 나를 사랑하고 자존감을 잃지 않는 첫걸음이라네. 그게 멋진 모습이기도 하고. 지금 바로, 스스로에게 "○○야, 정말 고생했어. 잘했다. 넌 열심히 했어."라고 말하면서 격려도 하고 칭찬도 해 보시게나.

야미

그럴 땐 이렇게 생각해 봐!

'열심히 노력했는데 상을 못 탔네. 속상하고 상을 탄 친구가 부럽고 질투도 나. 하지만 괜찮아. 다음에는 더 열심히 노력해야지!'

보라

'나답게' 생각해 볼까?

친구들과 지내다 보면 경쟁을 해야 할 때가 많지? 이길 때도 있겠지만 분명 질 때도 있을 거야. 그런데 만약, 졌다 하더라도 자신을 너무 탓하지는 마. 기회는 계속 올 테고, 네가 그 친구보다 잘할 수 있게 되거나 더 잘하는 게 분명 있을 테니까.

고민 8

발표하면서 실수를 했는데 친구가 자꾸 놀려요.

고민 상담방

훅

친구는 왜 그랬을까?

친구가 놀릴 때 자네는 어떻게 반응했나? 혹시 기분이 상해서 아무 말도 하지 않았거나 화난 표정만 지으면서 자네 마음을 알아주기만을 바라지는 않았나? 만약 그랬다면 놀린 친구는 자네가 얼마나 기분이 나쁜지 몰랐을 수도 있다네. 그러니 그 친구가 자네를 놀릴 때 어떤 기분인지 분명히 말하고 다시는 그러지 말라고 확실하게 말하게나.

야미

그럴 땐 이렇게 말해 봐!

"네가 자꾸 내 실수를 흉내 내고 놀려서 싫고 기분이 나빠. 다시는 그러지 말았으면 좋겠어."

보라

한 가지 더!

실수는 누구나 해. 그걸 놀리는 친구가 잘못된 거니까, 넌 위축될 필요 없어. 당당하게 자기 생각을 말하는 널 보면 아마 친구도 더 이상 널 놀리지 못할걸?

비슷한 경험이 있다면 함께 이야기해 볼까?

민재

나도 그랬어. 처음 한두 번은 참았는데 내가 아무 말 안 하니 점점 심하게 놀리면서 재미있어 하더라고. 더는 안 되겠다 싶어 딱 부러지게 말하니 우물쭈물하며 사과하더라고. 그리고 두 번 다시 날 놀리지 않았어.

고민 상담방

훅

친구는 왜 그렇게 말했을까?

단체 시합에서 진 걸 두고 원인을 자꾸 다른 친구 탓으로 돌리는 친구가 있다면, 어쩌면 이런 마음일 수 있다네. 그 친구는 시합에서 져서 분하고 무척 좌절한 게야. 진 이유가 제 탓이라고 생각하면 더 괴로웠겠지. 그러니 그런 감정을 느끼고 싶지 않아서 그 탓을 자네에게 떠넘겼을 거라네. 자신을 지키려고 말이야. 그런데 이 점을 명심하게나. 자신의 기대에 어긋난 상황이 벌어질 때, 몹시 실망해서 그걸 비뚤어진 방법으로 표현하는 사람들이 있는데, 억울하고 속상하다고 해서 친구 탓을 하고, 친구에게 괜한 상처를 주는 건 건강한 감정 표현법이 아니라는 걸 말일세.

야미

그럴 땐 이렇게 말해 봐!

"친구야, 대결에서 져서 속상한 마음은 나도 충분히 알아. 하지만 나도 너만큼이나 속상해. 하지만 우리가 진 건 누구의 탓도 아니라고 생각해. 우리 모두는 다 열심히, 최선을 다했잖아. 대결하다 보면 이길 수도 있고 질 수도 있는 일이고. 그러니 우리 다음번엔 더 열심히 해서 꼭 이기자! 괜찮지?"

보라

한 가지 더!

분하고 아쉬운 마음이 항상 나쁜 것만은 아니야. 지금보다 더 노력하게 만드는 원동력이 되어 주기도 하거든. 지금의 속상함과 실망감을 잊지 말고 이를 바탕으로 더욱 긍정적인 결과를 만들어 보자! '실패는 성공의 어머니'라는 말도 있잖아!

고민 상담방

훅

나는 왜 그랬을까?

자네가 잘하는 게 하나도 없다고 생각하는 이유는 혹시, 다른 누군가와 비교를 해서 그런 게 아니신가? 비교라는 게 원래 그렇다네. 자신을 끝도 없이 작아지게 하지. 작은 것부터 하나하나 비교하다 보면 내가 노력해야 하는 이유를 찾지 못하게 되실 거라네. 세상엔 나보다 잘난 사람이 언제나 존재할 테니까. 그런데 말일세, 그 잘난 사람들한테도 처음이 있었을 거라네. 하루아침에 지금의 능력을 얻은 건 아닐 게야. 그러니 더는 남들과 자네를 비교하지 말게. 그건 자네의 자존감만 점점 깎아내리는 일이니. 남들과 비교하지 말고 자네의 '어제와 오늘'을 비교해 보도록.

야미

그럴 땐 이렇게 생각해 봐!

'어제보다 연습을 30분 더 했더니 잘 안 되던 동작이 되네? 오늘은 이 동작을 15분 더 연습해 볼까?'
'평소보다 수업에 더 집중했더니 어제 못 푼 문제를 쉽게 풀었잖아? 역시 집중해서 공부하니 결과가 다르네. 내일도 더 집중해야지!'

보라

한 가지 더!

누구나 처음부터 잘하는 사람은 없어. 그러니 처음엔 잘 안 되더라도 쉽게 포기는 하지 마. 아무리 재능을 가지고 있더라도 계속해서 노력을 해야 그 재능이 꽃필 수 있거든. 잘하고 싶은 게 있다면 한번 꾸준히 노력해 봐. 너도 분명 할 수 있다고!

번외 1

삼총사로 지내는 친한 친구들이 있어요. 그런데 종종 저만 소외되는 것 같다는 느낌이 들어요. 오늘도 등굣길에 두 친구가 함께 가는 걸 봤어요. 저에게는 같이 학교 가자는 말을 하지 않았거든요.

고민 상담방

욱

친구들은 왜 그랬을까?

자네만 빼고 둘이 다니는 모습을 봐서 무척이나 서운하고 소외된 기분이 들었을 것 같군. 하지만 눈앞의 상황만 보고 지레짐작해서 판단하지는 마시게나. 일부러 자넬 따돌리려고 연락을 안 한 게 아니라 어쩔 수 없는 상황이었거나 우연히 만난 걸 수도 있을 테니 말일세. 그러니 자네의 마음을 친구들에게 솔직하게 표현해 보시게나. 자신들과 함께하고 싶고, 더 가까워지고 싶다는 친구를 누가 쉽게 밀어내겠는가? 솔직히 얘기하면, 친구들과 더 가까워지는 계기가 될 수 있을 거라네.

야미

그럴 땐 이렇게 말해 봐!

"너희 둘만 같이 학교에 가는 모습을 봐서 나만 소외되는 기분이 들었어. 그래서 속상하고, 서운했어. 다음에는 나에게도 연락 줘. 우리 함께 가자!"

보라

한 가지 더!

세 사람이 친한 경우에는 한 사람이 소외감을 느끼는 경우가 있을 수 있어. 그러니까 세 명의 관계가 균형을 이루도록 서로 노력을 많이 해야 해. 혹시라도 섭섭한 마음이 들 때면 속으로만 삭이지 말고 그 마음을 솔직히 이야기해 봐. 그러면 우정이 더 돈독해질 거야.

번외 2

대회에 참가하고 싶은데 혹시라도 상을 못 받을까 봐 신청을 못 하겠어요.

고민 상담방

훅

나는 왜 그랬을까?

상을 받지 못할까 봐 걱정이 되어 도전할지 말지를 고민하시는군. 하지만 말일세, 상을 받지 못했다 하더라도 그 도전이 진정 아무 의미가 없다고 생각하시는가? 잘 한번 생각해 보시게. 결과가 두려워서 아예 도전조차 하지 않는 것과 두려움을 극복하고 멋진 도전을 선택하는 것 중, 어떤 선택이 후회가 덜 남을지!

야미

그럴 땐 이렇게 생각해 봐!

'떨리지만, 일단 결과는 생각하지 말고 도전해 보자. 최선을 다하는 거야. 도전하지 않는 게 더 후회가 클 것 같으니까!'

보라

'나답게' 생각해 봐!

결과가 안 좋아서 친구들이 놀릴까 봐 걱정된다고? 한번 잘 봐. 놀리는 친구들은 분명 무서워서 도전조차 못 한 친구들일 테니. 도전하지도 못하면서 친구를 놀리는 그 친구들이 잘못된 거야. 부러운 마음을 제대로 표현조차 못 하는 거지. 그러니까 절대 신경 쓰지 마.

비슷한 경험이 있다면 함께 이야기해 볼까?
나

도전했다 떨어져서 망신당할 게 두려웠어. 하지만 한번 용기 내서 나가겠다고 손을 번쩍 들었고, 결과는…… 아쉽게도 예선 탈락! 그런데 있지, 되게 뿌듯하더라. 자신감도 생기고, 그날 이후로 남들 앞에서 발표하는 데 더 이상 떨리지도 않더라고. 이 정도면, 잘한 선택이지?

Chapter 4.
우리들의 슬기로운 SNS 언어 생활

| ○○ 초등학교 4학년 단체 토론방 | 11 |

📢 SNS, 그것이 알고 싶다!

나윤 님이 들어왔습니다.

세아 님이 들어왔습니다.

희수 님이 들어왔습니다.

해별 님이 들어왔습니다.

세린 님이 들어왔습니다.

이나 님이 들어왔습니다.

다정 님이 들어왔습니다.

진우 님이 들어왔습니다.

민재 님이 들어왔습니다.

지훈 님이 들어왔습니다.

우찬 님이 들어왔습니다.

○○ 초등학교 4학년 단체 토론방

🔊 **[공지] SNS에 대해 자유로운 대화를 나누어 보세요.**

민재
애들아, 나 어제 열한 살 생일 선물로 드디어 최신형 스마트폰 선물 받았다!

지훈
벌써? 스마트폰 같은 건 일찍 사용해 봤자 좋을 게 없다고 우리 엄마가 그러셨는데.

민재
우리 부모님도 똑같은 생각이셨어. 근데 나만 스마트폰이 없어서 단체 채팅방에 초대도 못 받고, 소외당하고, 정보에 뒤처진다고 토로하니까 결국 사 주셨지, 크크!

진우
안 봐도 뻔하다.
너 어제 하루 종일 스마트폰만 가지고 놀았지?

민재
당연한 거 아니냐? 어제 스마트폰 산 기념으로 SNS 계정 만드느라 밤을 꼴딱 지새웠다. 그나저나 무슨 글을 올려야 하냐?

진우
너, SNS가 무슨 뜻인지나 아냐? 바로 소셜 네트워킹 서비스(Social Networking Service), 온라인 공간에서 사람들이 소통하고 정보를 공유한다는 거야. 그러니까 네가 좋아하는 게임이나 스포츠 이야기부터 시작해 보든가.

세아
맞아! 나도 내가 좋아하는 학용품 사진 찍어서 올리는 걸로 시작했거든. 그렇게 글이나 사진을 올려서 나를 표현하니까 말로 하는 거랑은 다르게 재밌고 새롭더라고.

지훈: 그래? 그러면 나처럼 남들 앞에 서는 게 부담스러운 내성적인 성격인 사람들한테는 더 유용할 수 있겠다. SNS나 인터넷에 글이나 사진을 올려 자신을 표현하는 게 말로 하는 것보다 더 쉬울 테니.

민재: 그러네. 터치나 클릭 한 번으로 바로 올릴 수도 있으니 쉽기도 하고.

우찬: 너희 바보야? SNS 같은 건 왜 키워? 괜히 글 하나 잘못 올리면 모르는 사람들이 악플 달고, 괜히 기분만 나빠지고 열 받고! 내가 왜 모르는 사람들한테 욕을 먹어야 해? 누구나 자기가 원하는 대로 댓글을 쓸 자유가 있다고? 참 나, 나도 악플 안 받을 자유, 있거든? 그리고 댓글로 다른 사람을 괴롭히거나 상처 줄 말을 할 권리는 누구에게도 없어. 그건 너희도 동의하지?

나윤: 그럼, 그럼. 아, 맞다! 지난번에 뉴스 보니까 SNS에 올린 사진이나 글을 보고 집 주소나 다니는 학교 같은 개인 정보를 알아내고 SNS 계정 주인을 잘 아는 척 접근해서 범죄를 저지르는 나쁜 사람들도 있다던데.

다정: 맞아. 또 SNS 단체 채팅방에서 친구를 따돌리거나, 뒷담화를 하면서 괴롭히는 경우도 많대. 이상한 사진을 친구 사진이랑 합성해서 자기들끼리 낄낄거리면서 놀리기도 하고…….

민재: 잠깐, 잠깐! 그런 경우도 있긴 하지만, SNS가 마냥 나쁘기만 한 건 아니야. 최신 뉴스나 유행도 빠르게 확인할 수 있고, 또 친구랑 못다 한 얘기를 언제든 신나게 나눌 수도 있잖아.

○○ 초등학교 4학년 단체 토론방

해별
그뿐만이 아니야. 잘 모르던 사실이나 지식, 정보도 얻을 수 있고, 조언이나 위로도 받을 수 있어. 또 정보나 사연이 많은 사람들에게 널리, 빠르게 퍼지는 특성 덕분에 어려운 처지에 있는 사람들을 도울 수 있는 순기능도 많다고.

우찬
그렇지만…… 그 SNS 때문에 받게 되는 마음의 상처들은 어떡하냐고. 상처를 주기 위해 비난하고 쏘아 대는 악성 댓글 때문에 상처 입고 속상해할 바엔, 차라리 SNS를 안 하는 게 나아.

진우
하긴…… 게다가 우린 현실 공간에서도 어떻게 말하는 게 좋은지 몰라서 친구나 선생님, 부모님이랑 대화할 때 말실수를 많이 하잖아. 싸우기도 하고, 오해도 하고. 혹시나 잘못 말할까 봐 아예 입을 다물어 버리기도 하고.

우찬
그것 봐. 하물며 온라인이나 SNS 같은 곳에선 글이나 사진으로만 소통해야 하니 얼마나 어렵겠어? 게다가 SNS엔 좋은 정보만 있는 게 아니잖아. 가짜 뉴스도 많고, 서로 누가 더 잘나고, 행복한지 자랑하며 경쟁하는 글도 많아서 자격지심을 느끼는 사람들도 많다고. 자신의 처지와 비교하면서 우울해하기도 하고.

지훈
음, 듣다 보니 참 난감하네. 그렇다고 아예 인터넷을 안 할 수는 없잖아. SNS를 안 하기도 그렇고, 스마트폰을 안 쓸 수도 없고.

이나
근데 나, 지난번에 인터넷에 올라온 고민 글에 답글 단 적 있거든? 같은 초등학생이 쓴 고민이라 공감도 되고, 힘이 되어 주고 싶기도 해서 진심을 다해 답변을 달았는데 그 사람이 '좋아요'를 눌렀더라고. 그때 기분이 좋긴 좋더라.

우찬: 그럼 온라인이나 SNS에선 어떻게 말하는 게 슬기로운 거야? 어휴, 우린 어떻게 하면 좋지?

훅: 어떻게 하긴 뭘 어떻게 하나? 설마 그새 우리 '설전도 수련관'을 잊으신 건 아니겠지?

야미: 우리가 알려 줄게. SNS와 온라인에서 지혜롭게 표현하고 슬기롭게 말하는 법!

> **- 슬기로운 SNS 말하기 10계명 -**
> 1. 내 생각을 강요하지 말자.
> 2. 섣불리 추측하거나 말꼬리를 잡지 말자.
> 3. 내 생각과 감정을 정확히 알자.
> 4. 어휘력을 기르자.
> 5. 피하지 말고 솔직하게 말하자.
> 6. 결정을 남에게 미루지 말자.
> 7. 사과해야 할 때는 사과하자.
> 8. 글자 뒤에 사람이 있다는 걸 명심하자.
> 9. 나 자신을 비하하거나 과장하지 말자.
> 10. SNS의 장점을 긍정적으로 활용하자.

보라: 단, 이번 챕터의 문제나 보기 에 사용된 표현들은 설명을 위한 예시이니, 따라 쓰면 안 된다는 사실, 잊지 마!

하나. 내 생각을 강요하지 말자.

보라

인터넷에 올라오는 고민 글을 즐겨 읽는 A. 어느 날, A가 자주 들어가는 인터넷 게시판이 새 글로 떠들썩했어. '가장 친한 친구가 나를 헐뜯고 다니는 것 같은데, 절교해야 하나요?'라는 고민이었는데, 누군가 아래와 같은 댓글을 남겼지. 과연 아래 댓글에 가장 슬기롭게 답한 대댓글은 보기 중 몇 번일까?

> Re: 그래도 가장 친한 친구인데, 절교는 안 돼. 절교 후 외로움이나 그리움 때문에 더 힘들지도 모르잖아.

↳ Re: ?

보기

① 그럴 수도 있겠다. 하지만 그전에 친구가 정말 널 헐뜯은 것이 맞는지 확인하는 게 좋지 않을까? 나라면 그것부터 알아볼 것 같아.

② 자기 일 아니라고 그렇게 쉽게 얘기하지 마. 너라면 정말 절교 안 할 수 있어? 나중에 너한테 비슷한 일 생기면 어떻게 하는지 한번 두고 보겠어. 그때 말이 바뀌기만 해 봐! 와, 생각할수록 어이없네.

③ 너 같은 애들이 '호구'란 소리를 듣는 거라니까? 무조건 절교해. 내 말 들어. 뒤에서 친구 욕하는 애들은 친구라 말할 가치도 없어. 친구도 아니라고! 그러니까 무조건 절교하는 거야, 절교! 알았지?

단체 토론방

보라: 가장 슬기로운 대댓글은 바로 ①번이야. 그 이유가 무엇일까? ①번 글을 다시 한번 꼼꼼히 살펴볼까?

> ① **그럴 수도 있겠다.** 하지만 그전에 친구가
> 정말 널 헐뜯은 것이 맞는지 확인하는 게 좋지 않을까?
> 나라면 그것부터 알아볼 것 같아.

나윤: ①번 대댓글이 가장 슬기로운 이유는 '그럴 수도 있겠다'라는 말로 시작해서가 아닐까? 저 말에는 상대방의 의견을 존중한다는 느낌이 담겨 있는 것 같거든. 그런데 ③번 대댓글에서는 상대방 의견에 대한 존중이 느껴지지 않은 것 같아. '호구'라는 표현까지 쓰면서 상대방을 비난하고 있으니까.

민재: 나도 나윤이 말에 동감! 그리고 ③번처럼 무조건 절교하라면서 자신의 의견을 강요하는 태도는 좋지 않은 것 같아. 내 의견이 소중한 만큼, 다른 사람의 의견도 소중하잖아. 나와 의견이 다르다고 해서 무조건 배척하면 안 되는 것 같아.

보라: 내가 하고 싶었던 얘기가 바로 그거였어! 자신의 의견을 무작정 강요하는 ③번과는 달리, ①번 대댓글은 상대방의 의견을 진지하게 듣고 새로운 방법까지 제안하고 있잖아.

희수: 맞아! ②번 대댓글처럼 논점에서 벗어난 채 시비를 거는 듯한 말투를 쓰지도 않고 말이야.

보라: 이제 ①번을 정답으로 꼽은 이유를 알겠지? 댓글을 쓴다는 것은 대화를 하는 것이나 마찬가지야. 대화의 본질은 소통이고, 아름다운 소통은 공감하며 마음을 전할 때 형성된다는 것, 잊지 말자고!

둘. 섣불리 추측하거나 말꼬리를 잡지 말자.

보라

친한 친구 두 명과 '삼총사'로 불리는 B. 어느 날, 삼총사 세 명이 모여 있는 채팅방에서 아래와 같은 설전이 벌어졌어. 그러자 평화로웠던 채팅방이 한순간에 차갑게 얼어붙고 말았지. 이때 B가 보낼 가장 슬기로운 메시지는 보기 중 몇 번일까?

친구1
B야, 혹시 내가 너한테 뭐 잘못한 거 있어?

B
응? 아니, 그런 거 없는데?

친구1
근데 요즘 왜 우리 삼총사 대화방에서 대답을 늦게 해?

친구2
그러게. 우리 같이 보기로 했던 영화도 너 혼자 갑자기

→

바쁘다며 못 보러 간다고 하고. 너, 우리 피하는 거야?

B
아닌데…….
너희가 오해한 거야.

친구1
내가 뭘 오해했는데? 그럼 오해한 내가 잘못했다는 거야?

B
[   ]

보기

① 내가 아니라고 했잖아. 안 그래도 힘들어 죽겠는데, 내가 너희한테 일일이 시시콜콜 다 설명해야 해?

② 누가 네 잘못이래? 너희는 항상 이런 식이야. 그래, 오해하게 한 내가 잘못한 거네. 그래! 다 내 잘못이야. 됐니?

③ 피하는 게 아니야. 요즘 우리 엄마 몸이 좀 안 좋으셔서 일찍 집에 들어가 엄마를 도와드려야 했거든. 오해하게 해서 미안해.

단체 토론방

보라: 난 B가 보낼 가장 슬기로운 메시지는 ③번이라고 생각해. 내가 왜 ③번을 골랐는지, 함께 생각해 볼까?

> ③ 피하는 게 아니야. 요즘 우리 엄마 몸이 좀 안 좋으셔서 일찍 집에 들어가 엄마를 도와드려야 했거든. 오해하게 해서 미안해.

해별: ③번이 '피하는 게 아니야.'라고 말하면서 친구들의 섣부른 추측을 막으려 했기 때문에 슬기로웠다고 생각해. 이렇게 정확한 사실을 말해 주면 말꼬리를 잡을 일도 생기지 않고, 오해가 더 커지지도 않을 테니 말이야.

> ③ 피하는 게 아니야. **요즘 우리 엄마 몸이 좀 안 좋으셔서 일찍 집에 들어가 엄마를 도와드려야 했거든. 오해하게 해서 미안해.**

진우: 바로 이 말 때문 아닐까? 엄마의 건강 때문에 엄마를 도와드려야 했다는 이유를 먼저 설명한 후, 친구들에게 오해하게 해서 미안하다는 마음을 전했잖아. 이렇게 말하면 어떤 친구가 오해를 풀지 않을 수 있겠어?

이나: 맞아. 반대로 ①번 메시지는 자신의 불쾌한 감정을 표출하는 데만 급급했기 때문에 더 큰 오해를 불러일으킬 수 있을 것 같아.

보라: 그렇지? ②번 메시지도 마찬가지야. 사실과 이유를 먼저 말해 오해를 풀려 하기는커녕 친구1의 말꼬리를 잡고 늘어지며 싸우려는 듯한 말투로는 이 상황을 해결할 수가 없을 테니까. 문자로만 진행되는 SNS 대화에서는 더욱 오해가 생기기 쉬워. 그러니 SNS에서는 내용과 말투에 더 신중해져 보자!

셋. 내 생각과 감정을 정확히 알자.

보라

오늘 아침, C는 화가 잔뜩 나서 아침밥도 먹지 않고 학교로 향했어. 그리고 그날 오후, C는 엄마에게 SNS 메시지를 보냈어. 다음은 C가 엄마와 나눈 SNS 대화 내용이야. 과연 C가 엄마에게 진짜 하고 싶었던 말은 보기 중 몇 번일까?

C
엄마, 있잖아.

엄마
응?

C
어젯밤에 내가 늦게까지 안 잔다고 화냈잖아.

엄마
그랬지. 맨날 졸리다고 하고선 또 늦게 자니까 엄마가 걱정돼서.

C
걱정된다면서 화는 왜 냈어?

→

C
엄마가 갑자기 화내니까 나도 화가 나서 엄마한테 버럭했잖아.

왜 엄마는 항상 하지 말라고만 하고,

나까지 화를 내게 만들어서 사람 찝찝하게 하냐고.

엄마
엄마는 괜찮아. 신경 쓰지 말렴.

C
그게 아니잖아. 엄마는 왜 자꾸 날 나쁜 사람으로 만들어?

보기

① 알 수 없다.

② 엄마가 세상에서 제일 싫어!

③ 아, 몰라~ 난 오늘도 늦게 잘 거야!

단체 토론방

보라

정답은 ①번. SNS에서 C처럼 화내고 따지기만 한다면, 그 누구도 C의 진짜 생각이나 감정을 알 수 없어. 뭐, 사람의 마음을 읽는 초능력이 있다면 모르겠지만.

> 걱정된다면서 화는 왜 냈어?
> 엄마가 갑자기 화내니까 나도 화가 나서 엄마한테 버럭했잖아.
> 왜 엄마는 항상 하지 말라고만 하고,
> 나까지 화를 내게 만들어서 사람 찝찝하게 하냐고.

지훈

음, 이 메시지만으로 조심스레 추측해 보자면, C는 엄마가 '하지 말라'는 말을 많이 안 했으면 좋겠고, 어젯밤 자신도 엄마한테 화를 내서 미안하다는 말을 하고 싶었던 것 아닐까?

세아

맞는 것 같아. 그래도 뭐, 어디까지나 우리 추측일 뿐이겠지. C의 진짜 생각과 감정은 오직 C만 알 테니까.

> 엄마는 왜 자꾸 날 나쁜 사람으로 만들어?

나윤

C가 이 메시지 대신, 자신의 생각과 감정을 정확히 알고 나서 하고 싶은 말을 정리해 말했다면 더 좋았을 것 같아. '저는 더 늦게 자고 싶었는데, 엄마가 안 된다고 화내서 저도 모르게 화를 냈어요. 어제 화낸 건 죄송해요. 그런데 요즘 엄마는 항상 하지 말라고만 하는 것 같아 속상해요. 제가 하고 싶은 것들을 더 많이 허락해 주시면 좋겠어요.'라고 말이야.

보라

와! 그거 좋다. SNS 메시지는 보내기 전에 어느 정도 생각할 시간도 주어지니까, 곧장 투덜대거나 화내지 말고 나윤이 말처럼 자신의 생각과 감정을 정리한 뒤 메시지로 전하면 좋을 것 같아. SNS에서도 자신의 생각과 감정을 정확히 알고 대화해야 소통의 의미가 있을 테니까!

넷. 어휘력을 기르자.

보라

드라마를 좋아하는 D가 어제 본 드라마 내용을 단체 채팅방에 있는 친구들에게 들려주었어. 다음의 채팅방 메시지를 잘 보고, 밑줄 친 문장을 한 단어로 설명하는 데 적절한 것은 보기 중 몇 번인지 골라 봐.

D
얘들아! 어제 저녁 8시에 했던 드라마 봤어?

친구1
당연하지!

D
어제 진짜 눈물 펑펑이었어. 남자 주인공이 '될 대로 되라지!' 하는 마음으로, 완전히 절망에 빠져서 모든 걸 포기한 채 자신도 돌보지 않고 폐인처럼 사는 것이 너무 마음 아팠거든.

친구2
그러니까~!
나도 주인공이 '될 대로 되라지!' 하는 마음으로, 완전히 절망에 빠져서 모든 걸 포기한 채 자신도 돌보지 않을 때 너무 답답하더라. 우리 엄마도 같이 보면서 내 아들이었다면 크게 혼냈을 거라고 하시더라고.

친구1
ㅋㅋ 나도 수학 쪽지 시험 50점 받았을 때 '될 대로 되라지!' 하는 마음으로, 완전히 절망에 빠져서 모든 걸 포기한 채 자신도 돌보지 않은 적 있어서 그 마음 잘 알지. ㅋㅋ

보기

① 부지기수   ② 자포자기   ③ 역대급

단체 토론방

보라: 정답을 바로 맞힌 친구들, 있어? 정답은 ②번 '자포자기'야. 자, 만약 D와 친구들이 밑줄 친 긴 메시지 대신 자포자기란 말을 사용했다면, 상대방의 메시지를 더 빠르고 쉽게 이해할 수 있었을 거야.

우찬: 으악! 나 진짜 깜짝 놀랐어! 저 밑줄 친 문장의 글자 수를 세어 봤는데…… 무려 36개나 돼!

해별: 헉! 그런데 저렇게 긴 문장과 뜻이 같은 '자포자기'란 단어의 글자 수는 겨우 4개잖아? 이런 걸 두고 '경제적인 표현'이라고 하는 건가? 문장도 간결하고 손가락도 덜 아프니 말이야. 헤헤.

다정: 하지만 무조건 경제적인 것만 쫓아서는 안 될 것 같아. 보통 글자 수를 줄이려고 무분별하게 줄임말을 쓰곤 하잖아. 심쿵, 구취, 꾸안꾸, 맑눈광 등등. 그런 말들은 효율적이긴 하지만 언어가 왜곡되는 문제가 생기더라고. 어떤 줄임말에는 비속어가 포함되기도 하고. 그보다는 어휘력을 기르는 게 효율적으로 소통하는 슬기로운 방법인 것 같아.

보라: 맞아. 문자로만 대화하는 SNS 공간에서는 내 생각과 감정을 왜곡 없이 전달하는 게 중요하니까. 그렇다면 어휘력을 기르는 가장 좋은 방법은 뭘까? 그건 바로 책을 가까이하는 거야. 독서는 작가들이 고심해서 쓴 문장들을 통해 어휘의 다양한 활용법을 익힐 수 있고, 뜻을 유추하는 과정에서 지식이나 감정, 깨달음까지 얻을 수 있거든. 아! 그렇다고 항상 어려운 어휘를 써야 한다는 뜻은 아니야. 상대방이나 상황에 따라 적절한 수준의 어휘를 쓴다면 SNS에서의 소통이 더 의미 있고 유익하겠지?

다섯. 피하지 말고 솔직하게 말하자.

보라

오늘, E는 학교에서 친구1과 친구2가 싸우는 걸 보았어. 그런데 그날 저녁, 친구1이 SNS에 'JK(친구2). 진짜 싫다. 최악!'이라는 글을 올리고 E에게 메시지를 보냈지. 다음 대화 내용을 보고, E가 보낼 수 있는 가장 슬기로운 메시지는 보기 중 몇 번인지 골라 봐.

친구1
ㅋㅋ 내 상태 메시지 봤어?

E
응. 그거 설마 친구2 얘기야?

친구1
당연하지. 이렇게 해야 자기도 뭔가 찔리는 게 있을 거 아냐.

E
그래? 하긴, 너 아까 화 많이 난 것 같긴 하더라.

친구1
나 진짜 억울했다니까? 그러니까 너도 빨리 이니셜로

→

친구1
친구2 저격 메시지 하나 올려 줘.

E
내가? 나는 친구2랑 싸우지도 않았는데.

친구1
무슨 소리야? 너 내 친구잖아. 그러니까 당연히 내가 미워하는 친구를 같이 미워해야 맞지. 내 말이 틀려?

E
[ ]

보기

① ……응. 알았어. 뭐라고 쓰면 될까? 네가 써 주면 그대로 올릴게.

② 엇! 지금 엄마가 밥 먹으러 나오래. 이따가 다시 얘기하자!

③ 미안. 난 못 하겠어. 이렇게 너희 사이가 틀어지길 난 원하지 않아. 내가 친구2랑 한번 얘기해 볼게.

단체 토론방

보라

너희는 몇 번을 골랐어? 정답은 ③번이야. 하지만 아마 ①번과 ②번처럼 대답하는 친구들이 많을 것 같긴 해.

① ……응, 알았어. 뭐라고 쓰면 될까? 네가 써 주면 그대로 올릴게.

민재

음, 일단 ①번 메시지는 옳지 않은 것 같아. 만약, 정말 친구2가 잘못했다 해도, 불특정 다수가 보는 SNS 공간에서 이니셜로 친구를 모호하게 특정하고 비난하는 행동은 잘못된 것 같거든. 친구2와 제대로 이야기를 나누기도 전에 공개적인 장소에서 일방적으로 친구를 비난해 상처를 주려는 행동이니까.

세아

내 생각도 그래. ①번 메시지처럼 자기 생각과 달라도 친구라는 이유 때문에 친구가 원하는 행동에 무작정 동조한다거나, 친구가 토라질 것이 걱정돼서 원하지도 않는 행동을 억지로 한다면 분명 후회할 일이 생길 거야. 그리고 진짜 좋은 친구라면 이런 잘못된 일을 하라고 요구하지도 않을 것 같고.

② 엇! 지금 엄마가 밥 먹으러 나오래. 이따가 다시 얘기하자!

보라

②번 같은 회피성 메시지도 좋은 해결책은 아니야. 지금 당장은 모면할 수 있겠지만, 결국 대답해야 할 순간이 왔을 때 거절하기가 더 어려울 테니까. 그러다 친구1과 친구2의 오해가 더 깊어질 수도 있고. 그러니 피하지 말고 ③번처럼 자신의 생각을 솔직하게 말하는 것이 슬기로운 방법이겠지?

희수

그래, 이제 알겠어. 솔직하지 않은 대답은 결국 들통날 수 있고, 그건 친구를 더 실망시키는 일 같아.

여섯. 결정을 남에게 미루지 말자.

보라

학원이 끝난 뒤, F는 친구1에게 메시지를 받았어. 친구2의 비밀을 친구1이 실수로 다른 친구에게 말해 버리고 말았다는 내용이었지. 다음은 이 일에 대해 F와 친구1이 나눈 SNS 대화 내용이야. F가 마지막에 친구1에게 보낼 가장 슬기로운 메시지는 무엇일지 보기 중에서 골라 봐.

친구1
F야, 근데 내가 꼭 친구2한테 사과를 해야 할까?

F
왜? 아까는 네가 잘못한 것 같아서 찝찝하다며.

친구1
아깐 그랬지. 그런데 생각해 보니 친구2도 나한테 실수하고선 사과한 적 없었거든.

→

F
그래도 비밀을 말한 건 네가 잘못한 거니까……

친구1
근데 내가 비밀을 말해 준 친구가 비밀 꼭 지켜 준다고 했거든. 그럼 친구2한테 말 안 해도 되지 않을까? 친구2는 내가 말했다는 걸 모르고 있을 수도 있잖아.

F
[   ]

보기

① 나도 모르겠다! 아니면 나 말고 다른 친구한테도 물어보는 건 어때? 다른 애들은 답을 알지도 모르잖아.

② 음, 아무래도 어떻게 하는 게 좋을지 네가 다시 생각해 보는 게 좋겠다. 만약 사과하고 싶으면 내가 도와줄 테니까 걱정 말고.

③ 그럼 친구2를 한번 떠 보면 어때? 네가 SNS에 아무 글이나 올리고, 걔가 '좋아요'를 누르는지 안 누르는지를 보는 거야!

단체 토론방

보라: '내 이야기 같네?' 하고 생각한 친구 분명 있지? ②번이 가장 적절해. 왜 그런지 너희가 한번 맞혀 볼래?

이나: 난 ①번처럼 다른 사람의 의견을 많이 들어 보고 난 다음에 자신의 행동을 결정하는 것도 좋은 방법 같은데? 다른 사람이 나보다 더 좋은 방법을 알고 있을 수도 있잖아.

진우: 난 아닌 것 같아. '고민 상담'이라는 명목으로 많은 사람들에게 내 이야기를 다 털어놓는다면, 결국 내가 친구의 비밀을 다른 친구한테 이야기하고 말았다는 사실이 더 널리 퍼질 수도 있잖아. 그게 더 위험하지 않을까? 또 너무 많은 조언을 듣다 보면 판단력이 더 흐려질 수도 있어.

보라: 내 말이 그 말이야. 자신이 해야 할 행동이나 결정을 남에게 미루거나, 남에게 물어서 결정하는 것도 습관이 된다고. 내 생각, 내 행동의 주인은 남이 아닌 나 자신이라는 걸 잊지 말아야 해.

다정: ③번이 슬기롭지 않은 메시지인 이유도 알 것 같아. 만약 친구2가 자기 비밀이 알려졌다는 사실을 모르고 있더라도, 친구1이 다른 사람에게 친구2의 비밀을 말한 것이 없던 일로 되는 게 아니니까. 그리고 지금은 모른다 하더라도 언젠간 알게 될 수도 있어. 그러니 ③번 역시 임시방편용 메시지 같아.

보라: 맞아. 그래서 내가 친구1이 자기 행동을 스스로 결정하도록 한 뒤, 그 결정을 존중하고 돕겠다고 말한 ②번 대답이 가장 슬기로운 메시지라고 생각했던 거야.

일곱. 사과해야 할 때는 사과하자.

보라

G는 평소 자주 접속하던 온라인 커뮤니티에서 반가운 질문 하나를 발견했어. 마침 자신이 잘 알고 있는 내용이라 '지쥐'란 닉네임으로 바로 답변 댓글을 달았지. 하지만 몇 분 뒤, 곤란한 일이 생기고 말았어. 다음의 질문 글과 댓글들을 보고, G가 이어 달아야 할 댓글 중 가장 슬기로운 댓글은 몇 번일지 보기 에서 골라 봐.

도와주세요 ㅠㅠ 달빛 마을 주민분들 ㅠㅠ
작성자 땡글

별빛동 달빛 마을에 몬스터 빵 파는 곳 아시는 분?
지금 당장 그 빵을 사야 해서요 ㅠㅠ 아시는 분 댓글 좀!

↳ **지쥐** 별별 편의점에 몬스터 빵 팔아요! 저도 어제 샀어요.^^

　↳ 작성자 **땡글** 방금 별별 편의점 다녀왔는데 안 판다는데요?
　　　일부러 20분 거리인데도 바로 간 건데ㅠㅠ
　　　거짓말 너무하세요ㅠㅠ

　　↳ 지쥐

보기

① 어젠 분명 팔고 있었는데, 오늘 다 팔렸나 보네요. 전화해 보고 가시라고 할 걸 그랬네요. 죄송해요, 땡글 님ㅠㅠ

② 거짓말? 그럼 제가 어제 산 건 뭐죠? 영수증 인증할까요?

③ 미리 전화도 안 해 보고 무작정 간 님이 바보죠ㅎㅎ 전 제대로 알려 드렸는데~

단체 토론방

보라: 이번 퀴즈는 좀 쉬웠지? 정답은 ①번이야. 그런데 말이야, 꽤 많은 사람들이 온라인이나 SNS 상에서는 쉽게 자신의 잘못을 인정하거나 사과하려 하지 않는 것 같더라고. 왜 그럴까?

지훈: 아! SNS나 온라인은 누구에게나 열려 있는 공간이잖아. 그러니 그런 곳에서 누군가 나를 비난하거나 힐난하는 글을 접하게 되면, 공개적인 장소에서 누군지도 모르는 사람에게 비난받고 지적받았다는 생각에 화가 나고, 창피하고, 부끄럽고 억울한 마음이 들기 쉬우니까 그런 것 아닐까? 그런 상황에서, 나의 익명성 또한 보장된다고 생각하니 자신도 모르게 욱해서 감정적으로 맞대응하고 싸우자는 식의 공격적인 메시지를 쉽게 쓰게 되는 것 같아.

희수: 나도 누군가 내가 쓴 글을 가지고 뭐라고 하면 화나서 댓글로 마구 공격하고 싶었던 적이 한두 번이 아니라 이해가 되긴 해. 하지만 온라인이나 SNS에서 말싸움이나 논쟁을 할 땐 감정적으로 대응해서는 끝이 나지 않는 경우가 많아.

보라: 나도 그렇게 생각해. '죄송하다'란 말 한마디면 해결될 일을, 내 속을 끓이고 상대방에게 상처를 주면서 돌아갈 필요가 있을까? ①번 댓글처럼 내가 잘못된 정보를 주게 된 이유를 설명하고 동시에 내 말 때문에 헛고생했을 상대방을 따뜻하게 위로한다면, 이처럼 슬기롭게 말하는 사람들이 늘어난다면, 24시간 열려 있는 SNS와 온라인 공간에도 평화가 찾아올 거야!

여덟. 글자 뒤에 사람이 있다는 걸 명심하자.

보라

아이돌 가수가 꿈인 H는 자신이 가장 좋아하는 가수를 닮고 싶어서 그 가수가 입었던 옷과 비슷한 옷을 입고 자신의 SNS 계정에 글을 올렸어. 다음 보기 중 H가 올린 글의 댓글 중 가장 슬기로운 댓글은 몇 번일지 골라 봐.

보기

① 같은 옷, 다른 느낌?ㅋ AA 하고는 달라도 너~무 다른걸요~ㅋ

② 요즘 또래 중학생들보다 뚱뚱하신 것 같아요. 살을 좀 빼시면 좋을 듯……. 걱정되어 댓글 남깁니다.

③ 모자와 티셔츠 조합이 굿이에요! 특히 서로 색이 잘 어울려요.

단체 토론방

보라

정답은 당연히 ③번이야. 근데, ③번이 정답인 이유보다 ①번과 ②번이 정답이 아닌 이유를 먼저 이야기해 볼까?

우찬

①번 댓글이 정답이 아닌 이유는 알 것 같아. 아무리 익명이라고는 하지만, 아이돌 AA와 H의 외모를 함부로 비교하며 마치 H를 비웃는 듯한 뉘앙스를 풍기고 있잖아. 이런 댓글은 순간적으로 당사자의 기분을 상하게 하는 걸 넘어서 오래도록 씻을 수 없는 상처를 남기기도 해.

다정

②번은 일단 큰 문제는 없어 보이는데……. ②번은 정중하게 존댓말까지 쓰면서 댓글을 달았잖아. 그리고 H를 걱정해 주고 있고.

우찬

맞아. ③번 만큼 H를 기쁘게 해 주는 댓글은 아니지만 솔직한 댓글이라는 생각도 들거든. 보라야, ②번은 정답이 될 수 없는 거야? 이유를 알려 줘.

보라

이유는, 걱정하는 척, 염려하는 척하면서 자신의 주관적인 기준으로 또래들과 H를 비교하고 평가했기 때문이야. H는 남에게 평가를 받으려고 SNS에 글을 올린 게 아니잖아. 그저 자신의 현재 기분을 자유롭게 표현했을 뿐인데, 이런 평가를 받는다면 결코 기분이 좋지 않겠지.

다정

아, 그렇겠다. SNS는 개인적인 공간이기도 하니, 원하지 않는 개인적인 평가를 굳이 올릴 필요는 없는 건데 말이야. 나도 이제 글자 뒤에는 사람이 있다는 걸 명심하고 남을 함부로 평가하는 댓글을 쓰지 않도록 조심할게. SNS에 올라온 사진만으로 그 사람을 다 아는 듯 단정지어 평가한다는 건 폭력이나 다름없는 것 같거든.

아홉. 나 자신을 비하하거나 과장하지 말자.

보라

예쁘고 인기 많고 공부도 잘하는 아역 배우 지망생 I. I와 같은 반 친구들은 늘 밝고, 화려하고, 즐거운 이야기로 가득한 I의 SNS 계정을 보며 부러워하기 일쑤였어. 그러던 어느 날, I가 자신이 가지고 싶었던 물건을 갖게 되었다고 자랑하는 글을 SNS에 올렸어. 다음의 SNS 글을 잘 보고, I의 같은 반 친구들이 단 댓글 중 가장 슬기로운 댓글은 몇 번일지 보기 에서 골라 봐.

좋아요 102개
***** 부모님한테 생일 선물로 사과폰 선물 받음! 새 폰으로 친구랑 놀이공원에서 한컷! ㅎㅎ잘 나와서 기분 좋다~
댓글 12개 모두 보기

보기

① 좋겠다. 우리 부모님은 아무리 졸라도 절대 사과폰 안 사 주는데. 휴, 우리 부모님이랑 너희 부모님이랑 바꾸면 안 될까? ㅋㅋ

② 나도 이번 크리스마스 날 부모님이 사과폰 사 준다고 했었는데~ㅎㅎㅎ

③ 생일 축하해! 평소에도 사과폰 갖고 싶어 했잖아~ 다행! 다음에 나랑도 사과폰으로 사진 찍자! ㅎㅎ

단체 토론방

보라: 정답을 못 맞힌 친구들은 아마 없겠지? 가장 슬기롭다고 생각되는 댓글은 바로 ③번이야. 그렇다고 ①번, ②번 댓글이 잘못되었다는 건 아니야. 다만, 그 댓글들 속에 숨어 있는 속마음을 들여다볼 필요는 있다고 생각해.

세아: 음, ①번은 확실히 가장 솔직한 댓글 같아. 원하는 물건을 사 주지 않는 자기 부모님이 원망스럽기도 하고, 그러다 보면 또 친구 부모님과 비교할 수 있는 일이기는 하니까.

나윤: 맞아. 나도 이해돼. 그런데 생각해 보면…… 부모님도 SNS를 할지도 모르는데, 우연히 그런 댓글을 부모님이 보게 된다면 너무 속상하고 서운하실 것 같아. 부모님이 사 주고 싶어도 못 사 주는 상황일 수도 있으니까.

민재: ②번 댓글은 왠지 경쟁심이나 열등감이 느껴지는 것 같아. I가 찍은 사진에 대한 감상을 남긴 게 아니라 '자신도 곧 사과폰을 갖게 된다'는 엉뚱한 댓글을 남겼으니까. 그러다 보니 댓글 내용이 사실이 아닐 수도 있겠다는 느낌도 들고.

보라: 다들 맞는 말 같아. ③번 댓글은, 소위 '잘나가는' 친구의 글을 나 자신과 비교하며 내 처지를 비하하는 듯한 기색도, 또 자신에게 없는 것을 과장해 지어내는 듯한 기색도 느껴지지 않지? 그래서 ③번 댓글은 보는 사람의 마음도 편안하게 만드는 게 아닐까 하는 생각이 들어. 우리 명심하자. 나보다 행복해 보이거나, 잘나가는 것처럼 보이는 SNS 글을 보고 실망할 필요는 없다는 걸 말이야. 우리 손끝에서 시작되는 댓글로 선한 영향력을 펼치는 것이, SNS에 잘나가는 것처럼 보이려고 글을 쓰는 것보다 백배는 더 멋있으니까.

열. SNS의 장점을 긍정적으로 활용하자.

보라

운동회 날, 계주 선수였던 J는 이기고 싶은 마음에 앞서 달리던 상대팀 선수 K를 살짝 밀쳤어. 그런데 다음 날부터 SNS에 J를 비난하는 댓글들이 여러 개 올라왔어. 결국 J는 글을 올리고 24시간이 지나면 자동으로 펑 사라지는 SNS 기능을 이용해 이 일에 대응하기로 마음먹었어. 다음의 J를 비난하는 댓글들을 잘 보고, J가 남기려는 SNS 글 중 어떤 내용이 가장 슬기로운지 보기 중에서 골라 봐.

*_*_* 1시간
그렇게 이기고 싶었냐? 너 그렇게 살지 마라. 쯧쯧
답글 달기

*__**_** 3시간
반칙왕!!!
답글 달기

_ 2시간
당장 사과해라! 사과해! 🍎🌟
답글 달기

보기

① 너네 증거 있어?😡
자꾸 이런 식으로 공격하면 학교 폭력으로 고소한다?

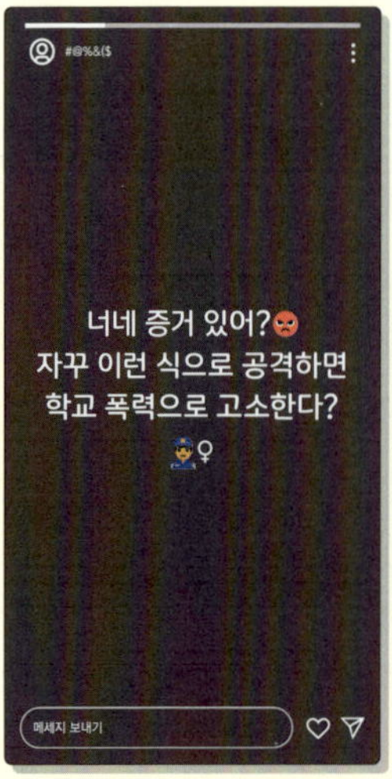

② 이기고 싶은 마음이 앞서서, 나도 모르게 K를 밀쳤어 😥 정말로 미안해! 직접 말할 용기가 나지 않아서 여기에 썼어. 나를 응원해 준 우리 팀 친구들에게도, 나 때문에 상처 받은 상대 팀 친구들에게도 정말 미안해.

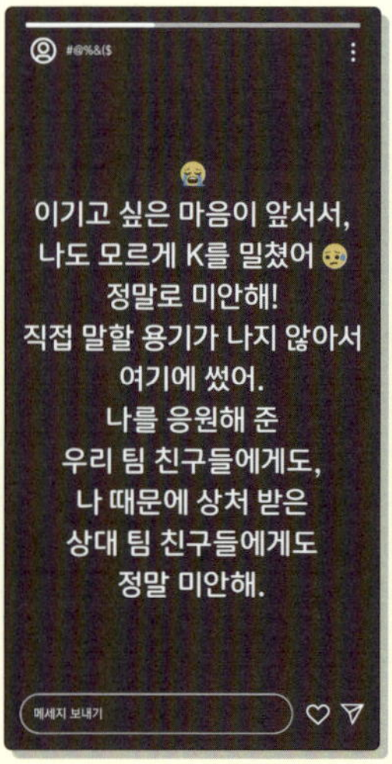

③ 이렇게 비겁하게 온라인에서 익명으로 나한테 뭐라고 하는 너희도 나쁘긴 마찬가지야!

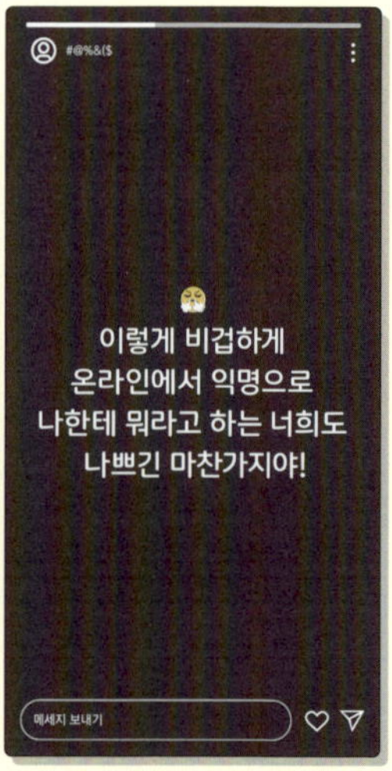

단체 토론방

보라

이번에는 좀 쉬웠니? 어땠어? 음, 이번 정답은 ②번이야. 왜 정답이 ②번일까? 이번엔 ①번과 ③번 글들을 보고 한번 생각해 봐 줄래?

진우

아! 나 뉴스에서 본 적 있어. SNS에 글을 올리고 24시간이 지나면 자동으로 펑 삭제되는 특정 SNS 시스템을 이용해 친구를 욕하거나 따돌리는 일이 많아졌다는 거. SNS에 글 올리는 방식도 간편하고 자동 삭제도 되니, 친구를 괴롭히는 일에 경각심 없이 쓰이는 것 같아.

다정

그 말을 들으니 ③번 댓글에도 일리가 있네. J가 반칙을 한 건 잘못이지만, 이렇게 온라인 공간에서 다수가 J 한 명을 마구 몰아세우는 것도 옳은 행동은 아닌 것 같아. SNS 개발자도 다른 사람을 비난하는 일에 쓰라고 메시지가 자동으로 펑 사라지는 기능을 만든 게 아닐 텐데 말이야.

보라

맞아. 내가 ②번 글을 가장 슬기롭다고 꼽은 건 단순히 J가 자신의 잘못을 인정하고 사과했기 때문만은 아니야. 용기가 나지 않아 말 못 했던 진심을 SNS의 장점을 이용해 표현했기 때문이야. 아직 자신을 비난하는 댓글에 일일이 대댓글을 달거나 게시글을 올릴 용기가 없었던 J는 24시간이 지나면 자동으로 펑 사라지는 SNS 기능을 이용해 먼저 사과하고 화해를 시도했어. 물론 미안한 마음을 K에게 직접 말하는 것이 가장 좋겠지만, 그게 어렵다면 이렇게 먼저 SNS를 이용하는 것도 괜찮은 일 아닐까?

해별

응! 이제 알았어. SNS는 주로 문자와 사진으로 소통하는 공간이라 오해도 생기고, 서로 자기 의견만 주장하는 공간이 되기 쉽다는 것. 또 어떻게 사용하느냐에 따라 좋은 것일 수도, 나쁜 것일 수도 있다는 것도. SNS의 장단점을 잘 알았으니, 앞으로 SNS에서 더 슬기롭게 대화할 수 있도록 할게. 보라야, 고마워!

Chapter 5.
나도 고민 있어요!

12:43

설전도 수련관 고민 대나무숲
방금 전 · 🌐

#세상의 모든 고민, 여기 모아 봐!
설전도 수련관이 세상 모든 초등학생들을 위해 특급 수련을 해 주려고 해! 일명 '마음을 다해 똑똑하게, 다정하게 말하기' 수련!
그럼, 우리 친구들의 고민은 무엇인지 한번 들어 볼까?

설전도 수련관 고민 대나무숲 1
방금 전 · 🌎

#외모_고민_있어요!

1. 친구들이 피부 색깔로 놀려요.

제 피부가 까무잡잡한 편인데 친구들이 자꾸 '깜시'라고 놀려요.

나

욱

외모의 기준을 제멋대로 정해 놓곤 그 기준에 벗어난다고 해서 그걸로 놀리는 건 잘못된 행동이라네. 아마도 그 친구들은 자신의 외모에 대한 불만을 가지고 있는 모양이군. 그 불만을 자네를 놀리면서 해소하는 거고. 보통 자신의 외모를 인정하고 만족하는 사람들은 남의 외모를 함부로 평가하지 않으니 말일세. 그러니 친구들이 뭐라고 말하든, 너무 신경 쓰지 말고 밝게 웃고 당당하게 말하게나. 전혀 위축되지 않는 자네의 당당한 모습에 더 이상 놀리지 못할 테니 말일세.

야미

그리고 이렇게 말해 봐. "얘들아, 그만 놀려. <u>너희가 아무리 뭐라 해도 난 내 모습이 마음에 들거든? 너희도 곧 내 매력에 익숙해질걸? 크크!</u>"라고.

보라

야미 사범님, 엄지 척! 나도 한마디 덧붙이자면, 사람의 매력은 외모에서 나오는 게 다가 아니야.
내 모습을 사랑하고 당당한 마음을 가진다면, 자기 자신을 훨씬 매력적으로 보이게 할걸!

2. 키가 작아서 고민이에요.

친구들이랑 같이 다니면 저한테 동생이냐고 물어요. 놀리는 것 같아 기분도 나쁘고요. 어떡해야 할까요?
나

훅

키는 아직 더 성장할 것이니 너무 걱정하지 마시게. 성장 시기가 친구들과 다른 것뿐이니까 비교하며 슬퍼하긴 이르다네. 그것보단 이제부터 키 크기 위한 노력을 좀 더 해 보는 건 어떠신가? 밥도 골고루 잘 먹고 성장에 도움이 되는 운동이나 스트레칭도 하시고. 마지막으로 성장엔 수면도 중요하니 늦게까지 스마트폰을 보지 말고 일찍 잠자리에 드시는 게 좋겠지. 걱정을 많이 하는 것도 키 크는 데 방해가 되는 스트레스 요인이 될 수 있으니 지나치게 신경 쓰지 마시게나. 그리고 잊지 말게. 무엇보다 중요한 건 자네가 먼저 있는 모습 그대로의 자신을 사랑해 주는 거란 걸.

야미

만약 널 놀리는 친구가 있으면 이렇게 말해. "너는 왜 자꾸 나에게 키가 작다고 놀리는 거야? 네가 그렇게 놀리면 나도 너무 속상해. 나도 키 크고 싶지만, 내 마음대로 어떻게 할 수 있는 게 아니거든. 그러니 이제 키를 약점 삼아 놀리지 말아 줬으면 좋겠어." 하고 말이야.

보라

그리고 작은 팁을 하나 더 주자면, 걸을 때는 당당하게 어깨를 쭉 펴고 걷고, 네 몸에 어울리는 옷을 잘 골라 입어 봐. 그러면 사람들이 키보다 네 모습 자체에 더 집중할 테니까.

3. 엄마가 옷을 잘 안 사 줘요.

나

엄마가 가끔 사 오는 옷도 마음에 들지 않아요. 어린아이 같은 옷만 입으라고 하거든요. 저도 제 마음에 드는 옷을 입고 싶어요.

욱

아직 엄마 눈에는 자네가 어린아이로 보일 수도 있다네. 자네가 느끼는 자네의 실제 모습보다 훨씬 어리다고 생각하시는 게지. 그럴 때, 만약 자네가 투정을 부리거나 막무가내로 조르기만 한다면 엄마 눈에는 자네가 더 어리게 보이지 않겠나? 그러니 자네가 입고 싶은 옷 스타일을 사진으로 보여 주면서 혹은 함께 옷을 사러 가서 엄마에게 차분하게 말해 보시게나.

야미

"엄마! 저는 이런 스타일의 옷을 입고 싶어요. 제 마음에 들지 않는 옷을 사 오시면 입지 않을 것 같아요. 제 취향을 존중해 주셨으면 좋겠어요."라고 말해 보는 것도 추천해.

4. 저는 뚱뚱하고 못생겼어요.

나

한 번도 친구들한테 예쁘다는 말을 들어 본 적이 없어요. 키도 작고 뚱뚱하고⋯⋯. 제 외모가 너무 싫어요.

욱

예쁘다는 기준은 사람에 따라, 시대에 따라, 상황에 따라 달라지는 것이라네. 외모 말고도 나만의 개성과 매력을 찾아보는 건 어떠신가? 그런 자기 자신을 사랑해 주는 모습은 누가 봐도 멋져 보일 거라네.

보라

네 체형에 어울리는 옷을 입고, 얼굴형에 어울리는 머리 모양을 해 봐. 거기에 밝은 표정과 당당한 태도를 지닌다면 네 마음속에 자존감이 쑥쑥 자랄 거야.

설전도 수련관 고민 대나무숲 2
방금 전 · 🌏

#공부_고민_있어요!

1. 공부를 왜 해야 하는지 모르겠어요.

공부를 하면 스트레스만 받아요.

나

욱

공부를 잘하면 어떤 점이 좋은지 자네도 잘 알고 있으리라 생각하네. 그걸 알고 있는데도 공부를 왜 해야 하는지 모르시겠다는 건 공부하는 게 너무 힘들거나, 아니면 공부 말고 다른 게 하고 싶은 건 아니신가? 혹시 공부 압박감이 크다면 지금 하는 공부의 어떤 점이 힘든지 잘 생각해 보시고 부모님과 이야기해서 해결해 보시게나. 만약 다른 걸 해 보고 싶다면 그 진지한 마음을 부모님에게 잘 이야기해 보시고.

2. 열심히 공부했는데 성적이 좋지 않아요.

잠도 못 자고 준비했는데
이번 시험을 망쳤어요.

나

욱

어떤 목표를 위해 열심히 노력한 자네의 모습이 정말 멋지군. 그런데 실망스런 점수에 너무 속상해서 마음이 힘든 것 같아

걱정이 되는군. 하지만 무엇보다 자네의 몸과 마음의 건강이 가장 중요하다는 걸 잊지 마시게. 그리고 혹시 자네는 최선을 다했는데 기대보다 점수가 나오지 않은 거라면 자네의 공부 방법에 문제가 없는지 한번 점검해 보시게나.

보라

아앗! 혹시 다른 친구와 비교하면서 속상해하는 건 아니지? 아니면 한번에 너무 높은 목표를 세우고 있다거나! 공부는 어제의 나와 오늘의 나를 비교하는 게 좋아. 첫술에 배부를 수 없다는 말도 있으니, 다시 한번 더 노력해 보자!

3. 장래 희망이 없어서 공부해야 하는 이유도 모르겠어요.

친구들은 모두 장래 희망이 있는데 저는 뭘 하고 싶은지 잘 모르겠어요.

나

훅

어른이 되어서 무슨 일을 하고 싶은지를 일찍 찾은 친구들은 정말 운이 좋은 거라네. 학교 공부, 학원 숙제에 늘 쫓기며 지내는데 언제 꿈을 찾을 시간이 있겠는가. 내가 나중에 어떤 일을 하며 살고 싶은지 알고 싶다면, 먼저 자네가 무얼 할 때 가장 즐거운지 생각해 보시게나. 누군가 시켜서 해야 하는 것 말고, 정말 자네가 좋아해서 하는 일 말일세. 좋아하는 일에 더 관심 갖고 연습하고 노력하면 그게 언젠가 자네가 잘하는 일이 되어 꿈이 될 것이라네.

보라

지금 당장 좋아하는 게 없다 하더라도 너무 걱정하지 마. 네가 경험하지 못한 것 중에 네가 정말 좋아하고, 잘할 수 있는 게 있을 테니까. 그러니까 다양한 경험을 할 수 있는 기회가 있다면 용기를 내 보도록 해.

4. 엄마 아빠의 성적 기대치가 너무 높아요.

제 기준으로는 열심히 했는데 엄마 아빠는 더 잘하라고만 해요. 학원도 너무 많이 다녀야 해서 힘들어요.

나

훅

엄마 아빠의 기대 때문에, 더 잘하라는 압박 때문에 힘들다고 엄마 아빠한테 말씀하신 적 있으신가? 혹시 말하지 못했다면 그 이유가 무엇이었는가? 부모님이 화를 내실 것 같아서? 아니면 부모님 말을 안 듣는 아이가 되고 싶지 않아서이신가? 어느 쪽이든, 기대나 압박 때문에 불만이 쌓인다면 공부에 흥미가 더 떨어질 수도 있다네. 기대에 미치지 못하는 결과를 얻으면 자네의 자존감도 낮아질 테고 말일세. 그러니 자네가 얼마나 노력하고 있는지 부모님과 꼭 이야기를 나누어 보길 바라네.

야미

"엄마 아빠가 기대하는 마음은 이해해요. 저도 잘하고 싶어서 노력하고 있지만 마음만큼 잘 안 돼요. 저도 꾸준히 노력해 볼 테니까 조금만 믿고 기다려 주세요."라고 말해 보면 어떨까? 그러면 널 지켜보는 부모님의 마음이 한결 부드러워질지도 몰라.

보라

그리고 꼭 기억해. 네 인생은 다른 사람 것이 아니야. 아무리 엄마 아빠라 해도, 네 인생을 마음대로 결정하거나 이끌 수는 없다는 것 잊지 말길!

12:43

 설전도 수련관 고민 대나무숲 3
방금 전 · 🌐

#가족_고민_있어요!

1. 부모님 사이가 안 좋아요.

엄마 아빠가 날마다 싸워서 힘들어요.

나

 훅

자네 마음이 몹시 힘들겠구먼. 자네도 한때 친했던 친구와 마음이 안 맞아 다툰 적 있으시겠지? 엄마 아빠도 마찬가지일 거라네. 하지만 꼭 표현하게나. 자네 앞에서 엄마 아빠가 다투면 그걸 보는 자네가 어떤 기분이 드는지 마음을 알리는 것일세. 엄마 아빠는 감정에 휩싸여서 자네 마음을 미처 염두에 두지 못할 수 있으니 말일세.

 야미

그럴 땐 "엄마 아빠가 싸우는 모습을 보면 무섭고 불안해요." 라고 말해 봐. 만약 말로 하는 게 어렵다면 편지나 문자로 표현하는 것도 괜찮은 방법이고.

 보라

그리고 있지, 이거 하나만은 꼭 기억해. 엄마 아빠가 싸우는 건 절대 네 잘못이 아니야. 네가 엄마 아빠의 문제를 해결해 줄 수 있는 것도 아니고. 그러니까 절대로 죄책감이나 책임감을 갖지 않았으면 좋겠어.

2. 엄마 아빠가 동생만 예뻐해요.

나

두 살 차이가 나는 동생이 있는데 엄마 아빠가 항상 동생 편만 들어요. 동생이랑 싸우면 저만 혼나고요.

훅

그렇군. 아무래도 엄마 아빠에게는 자네보다 나이가 어린 동생이 조금 더 마음 쓰이지 않겠나? 그러니 더 챙기게 될 테고 말일세. '엄마 아빠 눈에는 내가 의젓하고 든든한 모양이구나.' 하고 생각하면 좋겠지만 아무래도 억울하다는 생각이 계속 든다면 그런 일이 있을 때 자네 기분이 어떤지 솔직하고 분명하게 말을 하시게. 표현하지 않으면 엄마 아빠는 모르실 테니.

야미

"엄마 아빠가 자꾸 동생 편에서만 말을 해서 속상해요. 제 입장도 생각해 주세요." 하고 이야기해 보면 좋을 것 같아!

3. 저는 할머니 할아버지와 살아요.

나

이 사실을 아직 친구들에게 말하지 못했어요. 엄마 아빠와 함께 살지 않는 걸 의아하게 생각할까 봐서요.

훅

가족에는 여러 형태가 있을 수 있다네. 엄마 아빠와 함께하는 가족도 있고, 자네처럼 할머니 할아버지와 함께하는 가족도 있지. 그러니 친구들이 그 가족의 형태를 가지고 놀리는 건 잘못된 것이야. 그건 어떤 가족 형태가 더 좋고, 어떤 형태는 나쁘다는 잘못된 생각을 가지고 있기 때문인 거고. 잘못된 생각을 하는 친구의 놀림에 기죽을 필요가 뭐가 있는가? 자신 있고 당당하게! 친구들에게 말하게. 진짜 진정한 친구라면 그 사실이 바꿔 놓을 건 아무것도 없을 테니 말이야.

보라

만약 행여나 친구들이 계속해서 놀리거나 그 놀리는 수준이 지나치다 싶으면 참지 말고 꼭 선생님께 말씀드려야 해. 알겠지?

4. 엄마 아빠가 일만 하고 저랑 함께하는 시간이 별로 없어요.

아무래도 저를 별로 사랑하시는 것 같지 않아요.

나

훅

엄마 아빠의 사랑을 듬뿍 받고 싶은데 그러질 못해서 외로우셨겠군. 하지만 말일세, 그것만으로 엄마 아빠가 자네를 사랑하지 않는다고 판단해 버려서는 안 된다네. 어쩌면 엄마 아빠에게 다른 사정이 있을 수도 있고, 자네가 말로 표현하지 않아 자네의 마음이 어떤지 잘 모르실 수도 있으니. 아무리 부모님이라고 해도 모든 걸 다 알지는 못한다네. 그러니 자네가 무엇 때문에 사랑받지 못한다고 느꼈는지, 부모님이 어떻게 해 주길 원하는지 먼저 표현해 보시게나. 다음의 야미 사범의 말처럼 말일세!

야미

"엄마 아빠가 저와 함께해 주는 시간이 별로 없어서 서운해요. 더 많은 시간을 함께해 주시면 좋겠어요."

설전도 수련관 고민 대나무숲 4
방금 전 · 🌐

#성격_고민_있어요!

야미

아래의 고민들은 내용은 각각 달라도 공통점이 있어. 과연 그 공통점이 무얼지 생각해 보면서 고민들을 읽어 봐.

1. 저는 남들 앞에 서는 게 힘들어요.

발표할 때 얼굴이 빨개지고, 손까지 덜덜 떨려요. 그런데 엄마는 자꾸 저더러 학급 회장을 하라고 해요. 어떻게 해야 할까요?
①

2. 단짝 친구가 적극적이지 않아요.

주말에 부르면, 항상 일이 있다고 하거나 집에 있겠다고 해요. 저를 별로 좋아하는 것 같지 않아요.
②

3. 책을 읽고 나면 아빠가 자꾸 어려운 걸 물어요.

'이 책에서 느낀 점이 무엇이냐', '이 책의 주제가 무엇이냐' 같은 걸 물으시고는
③

> 제가 대답을 못 하면 화를 내요.
> 저는 그런 질문보다는
> '가장 재미있는 장면이 무엇이었냐' 같은 걸
> 제게 물었으면 좋겠어요.

4. 엄마랑 말이 안 통해요.

> 제가 친구랑 싸워서 속상하다고 말하면
> 엄마는 "그 친구랑 안 맞으면 안 놀면 되잖아.
> 왜 힘들어하면서 그 친구랑 노는 건데?"라고 말해요.
> 제가 원하는 건 그런 말이 아닌데요.

④

5. 할머니 잔소리가 너무 힘들어요.

> 조금만 지저분해도 방 청소 하라고 하시고,
> 게임 하고 나서 숙제하려고 했는데
> 숙제부터 하라고 자꾸만 닦달하세요.
> 저도 다 알아서 하는데 끊임없이 잔소리를 하셔서
> 너무 힘들어요!

⑤

욱

> 공통점을 찾았는가? ①부터 ⑤의 고민은 모두 상대의 성격과 자네의 성격이 달라서 생기는 문제들이라네. 상대방이 어떤 성격인지 알면 조금은 그 말과 행동이 이해가 될 거라네. 다른 사람의 성격을 간단하게 알아볼 수 있는 검사 방법을 하나 알려 줄 테니 한번 확인해 보시게나.

내 성격을 알아보자!

MBTI

마이어스-브릭스 유형 지표(Myers-Briggs Type Indicator)의 약자예요. 미국의 캐서린 브릭스와 그녀의 딸 이사벨 마이어스가 심리학자이자 정신 분석가 칼 융의 심리 유형론을 바탕으로 개발한 성격 유형 검사예요.

MBTI는 성격 유형을 네 가지 기준으로 분류해요.

에너지의 방향을 나타내요.

E 외향형
E(외향형)는 에너지의 방향이 외부로 향해 있어 여러 사람을 만나며 에너지를 얻어요. 활발하고 사교성이 좋은 편이에요. 많은 친구를 두루두루 사귀고 말로 표현하기를 좋아해요.

I 내향형
I(내향형)는 에너지의 방향이 내면으로 향해 있어 혼자만의 시간을 가지며 에너지를 얻어요. 조용하고 말수가 적은 편이에요. 적은 수의 친구와 깊게 사귀고는 해요.

> 엄마 성향은 E여서 I 성향인 제가 얼마나 힘든지 모르신 것 같아요.
> 엄마에게 저의 I 성향에 대해 말씀드려야겠어요.
> ①

> 아, 친구는 I 성향이어서 집에서 쉬며 에너지를 얻고 싶었던 거네요.
> 이제 친구를 이해할 수 있을 것 같아요.
> ②

> 정보를 받아들이는 방식을 나타내요.

N 직관형
N(직관형)은 추상적 연관성을 보며 큰 그림을 이해하는 데 초점을 둬요.

S 감각형
S(감각형)는 눈에 보이는 구체적 사실을 바탕으로 정보를 수집해요.

> 아빠가 N 성향이어서 그렇게 폭넓은 질문을 한 거였네요. 아빠에게 제 성격 유형이 S라는 걸 말씀드리면 좋을 것 같아요.

③

> 판단의 근거를 나타내요.

T 사고형
T(사고형)는 진실과 사실에 주로 관심을 가지고 '맞다', '틀리다'로 판단해요. 결과에 초점을 맞추어요.

F 감정형
F(감정형)는 의사 결정을 내릴 때 타인의 입장을 배려하고 공감하며 '좋다', '나쁘다'로 판단해요. 과정에 초점을 맞추어요.

> 아, 저희 엄마는 T 성향이어서 제 감정을 읽어 주는 대신 현실적인 해결 방법을 말씀하신 거네요.

④

선호하는 생활 양식을 나타내요.

P 인식형

P(인식형)는 즉흥적인 걸 좋아하고 틀에 박힌 일들을 싫어해요.

J 판단형

J(판단형)는 행동 하나하나 계획을 세우고 실행하기 때문에 완벽주의자에 가까워요. 약속이 있으면 미리미리 준비해서 정해진 시간에 맞춰 도착하고, 해야 할 일이 있으면 목록을 만드는 등 구체적으로 계획을 세워요.

> J 성향이신 할머니 눈에는 제가 계획성이 부족해 보였을 것 같아요.

⑤

훅

어때? 상대를 이해하는 데 MBTI가 좀 도움이 되셨나? 이렇게 성격을 분류하는 이유는 편을 가르거나 배척하라는 뜻이 결코 아니라네. 사람의 성격은 모두가 다르니, 친구든 가족이든 서로를 이해하는 데 조금이라도 도움이 되길 바라는 거지. 아, 당연히 더 좋고 더 나쁜 성격 같은 건 없다네. 그저 다를 뿐이지. 이 점을 꼭 명심하시게.

야미

누군가 이해되지 않는 행동이나 말을 할 때는 이렇게 한번 생각해 봐. '나랑은 성격이 달라 저렇게 생각하고 행동하는구나.' 하고 말이야.

보라

성격은 시간에 따라, 노력에 따라 조금씩 변해. 그러니 '나는 이런 성격이야.' 하고 너무 단정 짓지는 말고. 알았지?

마음을 다해 똑똑하게, 다정하게 말하고 싶어 😊